天才宝贝……

天才儿童成长记

胡晓梅◎著
(Hu Xiao Mei · works)

北京邮电大学出版社

图书在版编目（CIP）数据

天才儿童成长记 / 胡晓梅著. -- 北京 ：北京邮电大学出版社，2011.4
ISBN 978-7-5635-2507-2

Ⅰ. ①天… Ⅱ. ①胡… Ⅲ. ①家庭教育 Ⅳ. ①G78

中国版本图书馆CIP数据核字(2010)第242268号

书　　名：天才儿童成长记
作　　者：胡晓梅
责任编辑：彭莎莎
出版发行：北京邮电大学出版社
社　　址：北京市海淀区西土城路10号（邮编100876）
发 行 部：电话：010－62282185　传真：010－62282735
E－mail ：publish@bupt.edu.cn
经　销：各地新华书店
印　刷：北京忠信诚胶印厂
开　本：720mm ×1 000mm　1/16
印　张：14
字　数：169千字
版　次：2011年4月第1版　2011年4月第1次印刷

ISBN 978－7－5635－2507－2　　定价：32.00元
·如有印装质量问题，请与北京邮电大学出版社发行部联系·

前言

不少家长常常抱怨自己的孩子不如别人的孩子聪明、听话。他们不理解，为什么别人的孩子一个个都那么灵巧懂事，似乎不用操心就能把生活学习安排得井井有条，而到了自己孩子这里，就连吃饭睡觉都不让人省心，更别提能够老老实实地听话，努努力力地学习了。

问题究竟出在哪里？是不是我的孩子发育上出了问题，才导致他如此不堪？类似的问题，缠绕在无数父母家长心中。

反思问题本没有错，但是当家长们反思的对象是孩子的时候，错误就大了。

因为孩子就是一张白纸，父母才是在白纸上作画的人。我们都知道一幅画丑陋还是美妙，取决于画家的技巧和艺术功底，与纸的关系并不大。同

样，孩子究竟是天才还是庸才，决定权在父母。

企图从孩子身上找原因的人，不能说他们没有养育孩子的决心和勇气，但是光有决心和勇气还不够，因为他们搞错了方法。

古人讲，“养不教，父之过”。西方教育理论也强调，孩子的错，其实都是大人的错。中西理论在教育观念上完美契合——别从孩子身上去找问题，而应该从自己身上发现解决的方案。

在一个创意和自信能够产生价值的时代，父母如何才能让自己的孩子充分发挥自己的天分，从而让孩子在将来的竞争中拥有巨大的优势呢？

最简单、同时最重要的方法就是去欣赏你的孩子。只有当你看到他的优点，你才会顿悟，原来我也可以这样去教育他。一味强调听话和成绩的传统的教育方法已经不再适用于现在的时代，这样做的父母不是在教育，而是在攀比——把孩子当做相互比较的工具。这难道不是一种打着“爱”的旗号的自私？难道在这样的攀比中，你的孩子会开心？会独立？要知道，一个不开心、不自信、不独立的孩子，是没有办法适应这个多元化的世界的。

其次，你应该知道，养育孩子的过程，同时也是父母在学习的过程。学习的内容就是从孩子的身上看到惊人的闪光点，这个世界上所有的天才都有一颗童心，而所谓成熟的人却往往泯然众人，试着去理解和学习孩子天性中充满魅力的部分，让你和你的孩子一起成长。

最后是学习去相信你的孩子，你的信任会让他充满自信，你要告诉你自己，你有一个最了不起的孩子。

本书将为读者解读父母在孩子成长过程当中将会遇到和已经遇到的一些问题：为什么父母总是会干涉孩子的思想，为什么孩子太听话也不是好事；为什么父母在孩子的学习问题上总会要求孩子往自己期望的领域学习，为什么有些孩子怎么努力都没有用；为什么父母对孩子的鼓励也要有度，为什么常被父母批评和总被父母夸的孩子都存在隐患等。

不仅如此，本书还讲述了父母应该怎样与孩子交流、沟通，在孩子的培

养问题上作为父母应该怎样抉择，对孩子的鼓励和批评都应怎样把握，以及孩子的成长过程中父母和孩子都应该怎么改变和要求自己等。通过对这些问题的疑惑和解答，让读者了解到为人父母应该掌握的一些方式方法，并且在此基础上为父母和孩子共同打造了50道测试和训练题，让身为父母的你们能更加深刻的了解自己和孩子的性格、行为和思想等问题所在。

希望此书能作为指引，让父母，尤其是年轻的父母们在孩子成长基础阶段能打好有利基础，避免盲目地对孩子进行培养，让孩子能够有个健康、扎实、稳固的基础，为成为天才迈出成功的第一步！

contents

目录

第二章　发现才华之旅

第三章　强大的精神力量

冲
冲
冲

孩子的自由空间……

第六章　给孩子一片自由的天空

第七章　孩子离天才有多远

1 CHAPTER

第一章 你的孩子是一个天才

—第一节 无限可能的白纸—

一张纸在没有被绘画之前值多少钱？答案当然是无价的。

因为没有人知道这幅画画到最后是不是旷世珍品，只有手上握着绘笔的画家们，他们才能决定这幅画最终的价值。

而每一个刚来到这个世界上的孩子，他们也就像是一张白纸，他们的家长就是手持绘笔的画家之一。家长们在这张白纸上落下的最初几笔，也许将决定这个孩子一生命运的走向。

★★ 真实案例——自闭的笑笑

笑笑虽然名字叫笑笑，但是却很少绽放出笑容，他甚至连正常的表情都没有，总是一副呆呆的样子。不爱去跟小朋友们玩，也不会跟爸爸妈妈撒娇，总是窝在一个角落里静静地发呆。

笑笑的爸爸以为笑笑是个痴呆，但是笑笑的妈妈却不愿意就此放弃。两人带着孩子到了医院一检查才发现笑笑是自闭症。医生在跟笑笑爸爸妈妈的交流中发现，笑笑的爸爸妈妈在笑笑刚出生的时候，因为忙于工作而疏于照顾笑笑，笑笑长年都在爷爷奶奶和保姆的照顾下成长，等到笑笑的爸爸妈妈把笑笑接回身边的时候，笑笑就已经开始有明显的自闭症状了。

医生建议笑笑的爸爸妈妈多和笑笑交流，用心去打动孩子，刺激孩子对外界产生兴趣。笑笑的爸爸妈妈按照医生的建议，在药物治疗的同时，增加了和笑笑相处的时间，妈妈更是辞职回到家里专门照顾笑笑。奇迹出现了，笑笑慢慢变得像普通孩子一样，开始会表达自己的情绪，会好奇，会嬉笑撒娇。妈妈还惊奇地发现笑笑在绘画上有特别的天赋。

正是因为爸爸妈妈不放弃的行为，才让笑笑重新焕发了生命的光彩，现在的笑笑是一个活泼可爱的孩子，而且还是班上著名的“小画家”呢。

★★ 期待

在爱迪生还是个孩子的时候，学校的老师认为他是一个愚蠢的孩子，别的小孩和其他的亲人都觉得爱迪生很笨，并且断定他将来会是一个“废物”。

唯一一个自始至终都对爱迪生充满信任的人是他的妈妈南希，南希支持爱迪生退学后自学，并且亲自担当起儿子的导师，于是一个天才就这样诞生了。如果没有南希不离不弃的支持，看上去与正常人格格不入的爱迪生也许就因为外界的压力而选择了放弃，世界上又将少一个天才的发明家和商业家。

拯救了爱迪生一生的关键就是南希的期待，南希相信自己的孩子是一个了不起的孩子，她相信他一定会做出一番惊人的成就。正是保持着这样的心态，南希才能够承担起重重压力，不惜一切代价地去支持自己的儿子，直到他在自己的期待中成为了天才。

相信每一个父母都是爱着自己的子女的，并且真诚地希望自己的孩子能够有所作为，顺利地成长为一个了不起的人。但是并不是每一个家长都懂得如何去帮助自己的孩子，父母的尊严让他们习惯了对孩子保持打压的态度，这样的孩子也许会很好管教，但是却失去了创造奇迹的契机。

其实每个孩子都是需要期待的，他们是一张有无限可能的白纸，如果你相信这张白纸最后会成为一幅了不起的画卷，一定要把你期待的心情传递给孩子，把自信的种子种在孩子们的心里。

★★ 亲子互动建议

○给孩子展示自己的舞台。每一个孩子先天都有着独一无二的天分，这些天分需要父母的诱导才能完全地展现出来。当你的孩子想要在众人面前展示自己的时候，不要呵斥他这种无伤大雅的行为，也不要因为觉得丢人而阻止他。在你的孩子展示自己的时候，才华和自信的种子就已经种下了，也许这一份才华就会生根发芽，在未来开出一朵漂亮的鲜花。

〇给孩子创造奋斗的目标。不要以为孩子就没有功利心，每一个孩子都是渴望被肯定的，同样每一个孩子都喜欢获得奖励。当孩子表现出了某一方面的才华时，告诉他做到不同的程度将获得不同的奖励，你小小的物质“贿赂”会让孩子更有兴趣。当才华加上努力的时候才会具备价值，从小让孩子对某一事物保持长久的兴趣，也利于培养孩子的注意力和耐心。

〇让孩子学会去享受赞美。一切正面的情绪都将带来正面的效应，因为实力而带来的赞美会给人动力，这并不是敷衍和谄媚能够达到的效果，它能让孩子确切地相信自己是因为才华而获得了认可，这和虚荣心完全不同，这是对成就的肯定。让孩子生活在真诚的赞美中，不但能激发孩子的天分，还能让孩子对自己有严格的要求，努力去赢得更多的赞美和羡慕。

★ ★ 亲子互动测试第1环

测试：想象力对战

下面有两个简单的图形，看到它们你能联想到现实生活中的哪些东西？答题时间是一分钟，可以由孩子口述，父母来填写答案。

孩子的测试题

孩子的答案：

父母的测试题

父母的答案：

测试结果分析

孩子版

1～5个答案：宝贝快让你的爸爸妈妈带你出去玩吧，你对这个世界的了解还不够，爸爸妈妈应该多花点时间在孩子的身上，让孩子能够更好地了解这个世界。

6～15个答案：宝宝的想象力很棒，能够在短短的时间内联想到那么多相似的东西，说明宝宝的记忆力都非常优秀，能够充分地发挥想象力将世界上的东西联系起来。

15个以上答案：宝宝的想象力真是太惊人了，你有非同凡响的惊人记忆力和联想力，家长应该注意培养孩子集中注意力的能力，你们家的宝宝也许就会是一个新的天才。

家长版

1～8个答案：家长们你们稍微有一点点思维僵化了噢，在和孩子相处的过程中注意不要用自己的思维去限制孩子，孩子们的世界可以很大，而你的偏见却会使世界变得越来越小。

8个以上答案：恭喜家长！你还有着丰富的想象力，你很容易接受新鲜的事物，孩子一定会喜欢你这样的家长，但是注意不要太过浮躁。

—第二节　公平的战斗—

用“战斗”来形容孩子和父母的互动？听起来似乎有些不可思议，但事实往往就是这样的。

就体格来看的话，父母和孩子的“战斗”似乎是没有什么争斗可言的，可你我都知道这并不是一场摔跤或者拳击比赛，胜负不是以体格大小决定的。

然而，很多父母常常会犯这种类似的错误，总是觉得自己和孩子在同一件事上的判断和做法是没有可比性的，如果硬是要比较的话，那胜利方肯定是自己，因为几岁的孩子绝对不会比自己强，自己总不会还不如几岁的孩子吧！

可事实究竟是否如这些家长想的一样呢？

★★ 真实案例——听话的点点

点点一直是一个很听话的孩子。别的小孩在他这个年龄，往往特别淘气，不是对这个好奇，就是对那个感兴趣。在一个地方也待不住，往往会让父母跟着到处跑，生怕一不留神让小宝贝被自己的好奇心给伤到。

所以，每当别的家长看到点点安安静静地坐在父母怀中不吵不闹的时候，都会对羡慕不已，连声夸赞点点听话懂事。

而每次有别人夸赞的时候，点点的父母虽然脸上是笑盈盈的，但心里却如同打翻了五味瓶，不知道是什么滋味，他们甚至有些怀念以前的点点。

点点之前也跟别的孩子一样调皮，仿佛对什么事情都充满着好奇。只要他醒着，整个家里就会如同台风肆虐过一般，玩具被丢得到处都是。这还不算，他还喜欢到处乱翻，只要发现一个目标，比如妈妈的抽屉，那结果往往是让抽屉里面的东西统统搬家。

对于点点的淘气，爸妈一直很头疼。为了让点点乖一些，爸爸开始经常性地呵斥他。而妈妈也十分配合地学着“恐吓”儿子，只要他一调皮，妈妈就会“消失”一会儿。

在父母的双重夹击下，点点开始屈服了。他不再对什么事情都感到好奇，也逐渐坐得住了。经常是父母在一旁忙，他可以自己坐在沙发上玩一个多小时的玩具。

一开始，父母都很高兴，觉得自己对儿子的“改造”是成功的。可是后来有一次幼儿园老师告诉他们，点点似乎变得很内向，不再跟别的小朋友交流了。与此同时，点点的父母也发现，儿子好像真的有些过分听话，比如朋友聚会的时候，别的小孩子很容易就玩到了一起，可点点却一点儿都不合群，只是安静地跟在父母身边哪儿也不去。

“孩子也是有社交需求的，这样下去，恐怕点点会有自闭的倾向啊！”幼儿园老师的话，加重了父母的担忧。他们开始为自己当初的行为后悔。

民主

点点的父母如此教育自己的儿子，真的是为了孩子好吗？

我们无法否认父母对孩子的爱，但是有时候，他们的行为却不是在爱孩子，而是在遏制和压抑孩子的天性，从而换来自己的轻松——父母有的时候很自私。

他们不想尽看管和保护的义务；他们希望孩子哪儿也不去，不给自己添麻烦；他们希望孩子不要有自己的思想，完全遵从自己的安排；他们希望控制孩子……

所以，他们压根就没想过，即便是四五岁的孩子，也需要民主。

看看名人是怎样教育自己的孩子吧：

马克·吐温有3个女儿，他每天都会给孩子讲一个故事。这种事情大多数父母都会去做，但我们讲故事的时候，选择权往往在自己手里——或许我们会讲一个最熟悉的《小红帽》，或许我们会随手翻开一本故事书，随意摘选其中的某个故事讲给自己的孩子听。但是我们绝少会在讲故事之前问问孩子：“宝贝，你想听什么故事？”

这就是马克·吐温的伟大之处，他懂得尊重孩子的意愿：每天故事的题目都是由3个小听众选择的。姑娘们往往会找来画笔和纸，先在上面涂鸦一番，然后要求父亲按照画面临时编一个故事。这对于大文豪来说当然不算难事，可他从不会敷衍了事，每次都会让孩子们满意。

不仅仅是讲故事，在生活的各个角落，马克·吐温的家庭中都能看到平等和尊重的影子。比如，有一次，吐温夫妇准备带孩子去农场度假，他们出行的方式很特别——全家都坐在堆满柔软干草的马车上。躺在那上面看着周围的景色，一直是孩子们梦寐以求的享受。

可就在出发前，意外发生了，一个孩子间小小的争执，让姐姐苏西动手打了妹妹。如果是一般的家庭，或许父母会呵斥姐姐一番，然后就大事化小、小事化了了。毕竟全家人都要出去游玩的，因为这种事情破坏了兴致可不好。然而马克·吐温夫妇却没有这么做，尽管大女儿主动承认了错误，可是她必须为自己的打人行为付出代价。

惩罚的方式由女儿自行选择，而她前思后想最终决定放弃乘坐干草车的机会。而这一决定，也得到了父母的理解和支持。

我们应该学习马克·吐温的教育理念，放弃中国传统式的长辈压制，而是换以友好、信任、接纳和民主的家庭生活环境。只有这种环境成长出来的孩子，才能拥有足够的独立精神和自信态度，当然，尊重是相互的，你在尊重孩子的同时，你也会赢得孩子的真心尊重。

★★ 亲子互动建议

○给孩子发挥想象的空间。不要老是被“孩子还小，他（她）懂什么”的心态所迷惑，孩子们的想象力和思考能力可以强大得让你觉得不可思议。你的孩子远比你想象的要能干得多，给孩子一个向你展示和证明自己的机会，试着学会发现和欣赏你的孩子，结果往往会给你意想不到的惊喜。

○让孩子拥有足够的决定权。别什么事都觉得你让孩子做的都是对的，其实大人们也常常会做出错误的决定，试着听听孩子自己的想法，让孩子学会判断和选择，如果你一味的独裁，那必将会对孩子的成长产生不利因素。

★★ 亲子互动测试第2环

测试：来看看你和孩子的智商得分比较

第一步：只凭第一眼的印象，请你和你的孩子先分别从下面几个迷宫中选出一个。注意只凭第一眼的印象噢，不要有任何犹豫的时间。

（迷宫A）

图1-1

图1-2

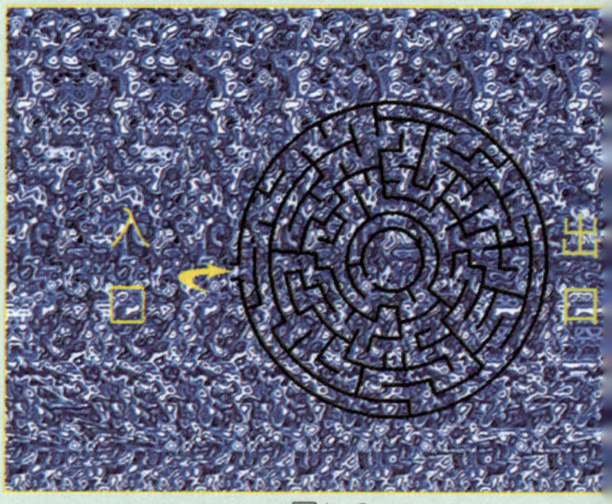

图1-3

（迷宫B）

（迷宫C）

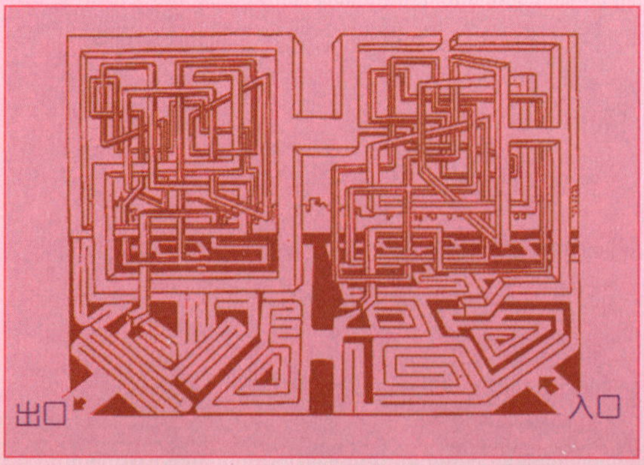

图1-4

（迷宫D）

潜在心理

这4个迷宫代表了人的4种不同性格：第1个代表了好胜、第2个代表了叛逆、第3个代表了务实、第4个代表了好奇。

难度系数

迷宫A：★★★

迷宫B：★★

迷宫C：★

迷宫D：★★★★

选择好了你和孩子的性格迷宫，现在就一起来试着走出迷宫吧。

测试结果

>>>>>>>>>>>孩子先走出迷宫

如果你选择的迷宫难度要小于你的孩子，那么你就要考虑重新审视你自己的孩子了。也许他没有你那样的人生经验，也许他还不知道核裂变的物理原理，但是他却拥有惊人的空间解析能力，这是非常了不得的一种天分。

对待这样的孩子你应该更加尊重他的自我发挥，从教育心理学的角度来分析，这种孩子会在成长过程中慢慢发现自己的天分和兴趣所在，家长如果能主动地加以支持和引导，你的孩子很有可能会成长为一个了不起的人，但是注意不要拔苗助长，孩子需要的仅仅是“罗森塔尔效应”①，而不是各种疯狂的补习班。

>>>>>>>>>>>家长先走出迷宫

如果你选择的迷宫难度比你的孩子要小，并且跨度很大，但是你的孩子最后还是坚持走出了迷宫。这说明你的孩子有强烈的挑战欲望，他不但希望能够获得胜利，而且并不畏惧劣势的环境。这种性格的孩子意志坚定，如果能够选择相对比较有天分的行业，通常能够成就一番不错的事业。

与之相反作为父母而言你显得有些缺乏威信，平时应该在孩子面前注意自己的形象，多给孩子一些正面的积极的引导，这样才能让孩子信任和尊敬你。

注释

①罗森塔尔效应(Robert Rosenthal Effect)：即皮格马利翁效应(Ygmalion Effect)，译为中文就是期待效应。美国著名心理学家罗森塔尔和雅格布森在小学教学上最早予以验证提出，罗森塔尔效应的理论认为，通过暗示能够让人受到不同程度的下意识的影响，比如人们会不自觉地接受自己抱有正面情绪，比如喜欢、钦佩、信任和崇拜的人的影响和暗示。而来自正面的鼓励或者期待的暗示，正是让人梦想成真的基石之一。

—第三节　他能做到你做不到的事情—

不相信吗？你是否觉得眼前的这个小不点做到的事你却做不到，那简直是在说笑话。

如果你觉得这是个笑话的，那你就大错特错了。虽然听起来是有那么一点不可思议，但没有什么事是绝对不可能的。当然，这并不是说你的能力差，而是因为孩子的潜力是无限的，并且每个孩子又都拥有各自不同的天分，你的孩子也许正好在某件事上的天分和潜力大的超乎你，甚至是超乎所有人的想象。

试想，这样一个小天才，你还能小看吗？

★★ 真实案例——会算账的欢欢

欢欢的爸爸是个数学老师，妈妈是单位里的会计，父母的工作都是和数字打交道。欢欢虽然只有6岁多，可却特别喜欢算术，每次一看到妈妈算账，欢欢就会特别兴奋地在旁边看，有时候还会闹着说要帮妈妈算。每次妈妈看到自己6岁的孩子闹着要帮自己算账都哭笑不得，心想这么小的孩子哪儿会算，可又不愿意打击到孩子幼小的心，只有哄孩子说等长大了再帮妈妈忙。每每这个时候欢欢都黯然地拿着小本子自己到一边算自己的去了。

有一次欢欢又看见妈妈在算账，因为每次妈妈都说等长大了再帮妈妈，所以这次欢欢不再说要帮忙了。不要以为这个孩子是死心了，欢欢心里小算盘打的是"等妈妈算完了我帮她检查"。妈妈算完账就把本子放一边忙别的去了，等回来的时候居然看到自己6岁的孩子正有板有眼在"审阅"自己的账本呢，本来都已经快笑的不行了，欢欢还严肃地用稚气未脱的声音对妈妈说："妈妈、妈妈你这里算错了。"

欢欢的妈妈看着孩子如此的认真，也来了兴致，准备教教孩子应该怎么算，心想不能让孩子用错误的方法算术。这一算不要紧，欢欢的妈妈发现居然自己真的粗心少算了一个数字，妈妈很惊讶欢欢居然算的是对的。虽然这只是家里今天购物的日常购物账单记录和清算，不是什么高难度的数学问题，也不是很复杂很大额度的数目结算，但欢欢毕竟才是个6岁的孩子，所以这足以让人惊讶半天了。

这次偶然的发现让欢欢的妈妈关注起了对孩子的数学方面的培养，她把欢欢送到了专门的珠心算培训班。果然，欢欢的天分在数学方面的天分在学习的过程中充分的到了展现，身为班上年龄最小的学生，计算的速度在学习了3个月的时候就已经是班上最快的了。

欢欢的妈妈非常庆幸自己把欢欢送去学算术，同时也后悔自己没有更早地发现孩子在这方面的天分。幸好自己能及早的弥补，不然不仅自己会后悔，耽误了孩子更是无法弥补的遗憾。

★★ 倾听和引导

很多家长都有这样的疑惑——我相信我的孩子一定是在某些方面有天赋的，可是我应该怎么去发掘这种天赋呢？

的确，没有那个孩子会把自己的天赋贴在身上等着你去发现。但这并不意味着孩子没有告诉你他在某些方面的天赋——事实上，他的一举一动、一言一行，可能都是在想你发送关于自己天赋的信号。遗憾的是，很少有人会去把孩子的行为和语言当成重要的事情去严肃对待。

就像案例中的欢欢妈，她一开始也犯了一个多数家长都会犯的错误——觉得孩子说的话都是无厘头的，她的潜意识里会觉得，如果我把孩子的话当真，我会显得很幼稚。如果不是那次偶然的机会，恐怕欢欢对于数字的敏感天赋就会被永久地磨灭。

其实，在发现孩子天赋这件事情上，父母要做的还不仅仅是倾听。有的时候，适当地引导比倾听更加重要。因为往往孩子自己都不知道他在某一方面有如此强大的天赋，你就更别指望他会很清晰地把这层意思表达给你了。

在这件事情上，悠悠的爸爸就处理得很好。悠悠对于音乐有很好的天赋，而说到这一天赋的发现，则完全归功于悠悠的爸爸。

从悠悠很小的时候开始，悠悠的爸爸就会刻意地在很多方面去引导悠悠。比如他在给女儿讲故事的时候，会找来一张白纸，让她凭想象把自己故事中的动物或者人物形象画出来；晚饭后出去散步的时候，悠悠爸爸会刻意带女儿去逛很多地方，然后每到一个路口，就让女儿指方向，自己则带着她往她指出的方向前进；而当女儿每天晚上洗完澡以后，父亲会带打开CD，陪她一起欣赏音乐……

用爸爸的话来说，这是在引导和挖掘女儿的特长。比如绘画、方向感或者音乐。最终，悠悠的爸爸发现女儿每次在欣赏音乐的时候都特别兴奋，似乎对节奏有着天然的感觉。于是他开始在这一方面加强对女儿的培养。果然，事实证明，他的引导方向是正确的。今年8岁的悠悠，已经是学校小有名气的钢琴家，而且她的钢琴天赋，是连音乐老师都赞叹不已的。更重要的是，她喜欢钢琴，所以对悠悠而言，练琴是一种快乐的事情，不会像别的小孩一样有被迫练琴的情况出现。

所以，别再抱怨孩子没有天赋，或者不知道他的天赋在哪里了。只要身为父母的我们去观察、去引导、去倾听，让你的孩子成为天才不过是时间问题罢了。

★★ 亲子互动建议

○给孩子展示的机会。当孩子表示要向你展示什么的时候，千万不要拒绝，你的拒绝不仅仅是对孩子的一种直接否定，也剥夺了孩子展示才华的机会，同时你还让自己失去了发现孩子天赋和能力的机会。其实你只需要花一点点时间去发现和欣赏你孩子的天赋，这样有什么难办的呢？千万别让你的粗心成为孩子无法展现天赋的罪魁祸首。

○认真的听孩子说。不要总不把孩子说的话放在心上，或者对孩子提出的任何问题和建议都随意敷衍，别总认为孩子说的话就是没用的话，也不要觉得孩子年龄小提出的建议就完全没有建设性，如果你这样想的话，那你就大错特错了，有时候孩子建议往往正好为你排忧解难。学会认真地听听孩子说什么，千万别让自己失去一个拥有好帮手的机会。

★★ 亲子互动测试第3环

测试：天分大比拼

现在和你的孩子一起来看看下面这张图，然后谈谈你们在这幅图中发现了什么？

图1-5

这幅画是荷兰著名的艺术家，摩里茨·科奈里斯·埃舍尔（M.C.Escher）的一幅版画。埃舍尔的版画以独特的三维立体空间构成著称，在他的绘画中暗含了复杂的哲学、物理、数学等科学思想，具有划时代的珍贵价值。

当你和你的孩子一起在观察这幅画的时候，你们正在进入一个新奇的时空中，这幅画将给你们带来全新的空间感知，认真观察这幅画，和你的孩子好好地讨论你们的心得，也许你就会从你孩子的想法中，发现他惊人的天分。

★ ★ 你发现了什么？

>>>>>>>>>>>提篮子的女士和爬楼梯的男人永远也无法碰头

如果孩子注意到了扭曲的时空，这个孩子在数学上一定会有所造诣，当然这并不意味着数学成绩好，而是指他的空间感知能力非常强，一定要对应到职业上，这个孩子注意培养和引导，将会在计算机建模、物理研究、工程技术等方面拥有优秀的天分。

>>>>>>>>>>>重复的门、楼梯、吹喇叭的人等。

当孩子的注意力放在了反复出现的细节上，这个孩子在思考方面更偏向于感性思维，他能发现细节和美丽的事物，拥有比较好的韵律感和世界观，家长应该注意培养孩子在文学、音乐等方面的兴趣。

>>>>>>>>>>>阴暗的色调、蜥蜴、快要掉落的花瓶等。

一般的孩子并不会注意到这些细节，而注意到这些细节的孩子往往异常敏锐，父母应该给予更多的关注和照顾，这种孩子在艺术上经常会有惊人的成就，但是性格也容易走向偏执阴郁，而父母的正面印象会帮助孩子把这种天生的洞察力引向正途。

—第四节　记忆力最好的年龄—

回忆是人生命里的一本书，这本书随着成长的过程不断地加厚，里面的内容也不断地丰富，如果要让这本书里的内容详尽而准确，这就需要有良好的记忆力。

据说，人的大脑的记忆能力，相当于375亿个320 GB电脑硬盘的存储量，这是多么彪悍的数字。没人能够证实这组数字是否真实，但可以肯定的是，我们的记忆力远远未达到应有的强大程度。而人的一生在漫长的生活与学习中都离不开记忆的帮助，所以如果能充分开发我们的大脑，拓展记忆空间，对于整个人的发展来说都有极为重要的意义。

当然，不同的人记忆力的好坏各有不同，不同的年龄阶段记忆力也是有区别的。哪个年龄段的记忆力最好呢？如果有这个疑惑，家长们不妨先想想，小时候的许多事你是否依然还清楚地记得？

★★ 真实案例——过目不忘的晨晨

晨晨只有4岁半，但是却练就了一番过目不忘的本领。说到女儿的这个本领，晨晨的父母自己都觉得不可思议。

事情源自于一天晚上父母的对话，爸爸正在写一个工作报告，里面涉及了一个成语“指鹿为马”，当时晨晨爸爸不确定这个成语典故是出在哪个时代，所以随口便问晨晨妈妈。可还没等晨晨妈妈回答，4岁的女儿就接话道：“这是发生在秦朝的，说的是赵高把一只梅花鹿献给秦二世，他偏说这是一只马。结果有大臣说这是鹿的时候，赵高就把人家给杀头了。”

“呵呵，谢谢晨晨，女儿真棒，你是怎么知道的？”爸爸很自然地夸奖道。

这时候晨晨说的一句话让父母觉得很不可思议：“妈妈上次买给我的那套故事书里面有，就在第3册第26页。”

晨晨妈妈知道女儿很喜欢那套故事书，可是能把每一页什么故事都记下来，这就有些让她吃惊了。于是妈妈赶忙找来故事书，翻到女儿说的那一页，她惊讶地发现，第3册第26页真的是“指鹿为马”这个成语。

妈妈顿时来了兴趣，随手翻了几页，问晨晨讲的是什么故事，结果晨晨每一个都回答上来了，一点错都没有。

莫非女儿在记忆力上有天赋？

晨晨父母欣喜异常，从那以后，他们开始特别注重培养女儿的记忆力。而晨晨也没让父母失望，练就了一身过目不忘的本领。

★ ★ 兴趣是强悍记忆的源泉

你肯定有这种体验：在记自己不感兴趣的知识的时候，比如英语单词，往往是费了很大的力气，效果却很有限。

相反，如果是游戏秘籍，哪怕是几十个字母组成的一大串密码，也许两三次你就记得牢牢实实。

显然，问题不在于我们的记忆力是否真的很差，而在于你有没有让记忆力去对标的事物产生兴趣。

小孩子在记忆一件事情的时候，跟大人又不太一样。我们是靠理解去记忆，而小孩则是将其如同拍照一样完整地印在脑子里。这种记忆有全面快速的特性，但与此同时，也有容易被遗忘的特点。可以说每个孩子都有强大记忆力的天赋，只是往往这种天赋被父母忽视，从而逐渐变得平庸。

要想让孩子的记忆力出众，父母需要做的只是让他对某几件事情保持兴趣。因为孩子的注意力比大人更容易分散，所以只有当孩子对某些事情有浓郁兴趣的时候，他的注意力才会集中，进而促使记忆力得到强化。

当然，要挖掘孩子的兴趣点，这也是一个需要父母用心尝试的过程。我们建议可以借助游戏的形式去进行。比如跟孩子做这样一个游戏——找出一副扑克或者麻将排列起来，看一会儿后覆盖起来，引导孩子慢慢回忆每张牌是什么，然后翻开进行对照。随着瞬间记忆力的开发，孩子看牌的时间会越来越短，记得的牌越来越多。

类似的方法还有很多，重点在于你应该让孩子觉得这是在做他自己感兴趣的事情。只要他有这样的感受，那么记忆力的强化就变得很容易了。

★ ★亲子互动建议

○给孩子知识的熏陶。多给孩子灌输一些健康科学的知识，这个时期学会的知识会让他一生受用，尽量用轻松、互动的方式让孩子记住原本枯燥无味的东西，在快乐的氛围中学习，同时也让你和孩子的交流更近一步。

○锻炼孩子的记忆力。记忆力再好也是要锻炼的，根据孩子的兴趣爱好和发展水平，有意识地进行一些强化练习，可以提高孩子的记忆力。在成长的早期阶段加强对孩子记忆力的锻炼，这样良好的记忆能力才不会随着年龄的增长而减退。智力需要开发，同样孩子的记忆力想要提高，也需要你和孩子的共同努力。

★ ★ 亲子互动测试第4环

测试：图形记忆和文字记忆

这一节我们先来看看下面两个部分，左边是声韵启蒙里面的一段内容，右边是一幅由几种不同的动物组成的组图，现在和你的孩子一起，先尝试记忆左边的这段话15分钟，互相背诵或者默写检查记忆效果。然后和孩子一起观察那幅图5分钟，再尝试在下面的空白处填上画的内容。

香对火，炭对薪，日观对天津。禅心对道，野妇对宫嫔。仁无敌，德有邻，万石对千钧。滔滔三峡水，冉冉一溪冰。充国功名当画阁，子张言行贵书绅。笃志诗书，思入圣贤绝域；忘情官爵，羞沾名利纤尘。

图1–6

默写段落：

还原度80%以上：

如果你没有和孩子一起做过这个测验，你可能压根没发现你的孩子记忆力这么惊人。人类一般使用左脑记忆比较理性的逻辑信息，而用右脑记忆比较感性的偏向图像的信息。无论你的孩子是在记忆文字上面，还是记忆图片上面还是两者都表现出了惊人的记忆力，这都意味着他在现在的应试教育机制下会学习得非常轻松，作为家长只需要养成孩子良好的学习习惯，别让孩子仗着天分而过度自我放纵即可。

用图像来记忆图像：

有一部分孩子可能在记忆图像时，是将图像抽象成文字，然后再填人了表格中，但是也会有这样一部分孩子，他们是将图像直接画在了表格中。这一部分孩子的右脑相当发达，倾向于从全局的观念去抽象理解事物，是那种“读万卷书，不如行万里路”的类型，作为家长应该尽量给孩子提供增加阅历的机会，让孩子用自己的眼睛去记录世界，当他的内心得到极大丰富的时候，他的人生就会获得更高的价值。

—第五节　到底谁更幼稚—

通常大家都认为，大人一定要比孩子成熟，而孩子一定比父母幼稚。虽然这有一点武断，但恐怕没人会从心里反对，因为这个理念在我们心中早已根深蒂固。

毕竟孩子还小，他对于社会的认知有自身的局限，所以他们比我们幼稚似乎是理所当然的。

但事实果真如此吗？其实并不见得如此。

因为幼稚和成熟是相对的。幼稚的人看东西比较简单，往往都会看到事物的本质；而成熟的人则凡事都要复杂化，所以反而会失去发现失去本质的能力。这样看来幼稚和成熟之间是没有绝对的界限的。

而孩子，往往比大人更成熟。

★★ 真实案例——“幼稚”的新新

新新不明白，自己明明就不喜欢画画，为什么爸爸却非要把自己送到绘画班。他曾经明确地向爸爸表达了自己不希望学画画的态度，可是爸爸却自以为是地认为这只是小孩子的胡搅蛮缠，对新新的抗议丝毫不予理会。

新新想不通，原本周末应该就是出去跟小伙伴一起玩耍，或者跟父母一起去公园的时间，现在却变成了另一个上课日。但他知道父母的意思很难再改变，所以最终在爸爸的连哄带骗带恐吓下，终于顺从了父母的意愿，加入了这个他不想加入的绘画班。

看到儿子终于屈服，父母还很高兴，甚至有种在战争中赢得胜利的快感。可是让他们没想到的是，上学的第一天，新新的老师就把他们请了过去。

“看看吧，这就是新新的‘作品’。”老师把一张两面都被图得乌黑的纸递给了新新爸爸。

“这是怎么回事？”新新爸爸不太明白。

“我想问一下，新新是不是不太愿意来上这个美术课？”老师问道。

“恩，是啊。一开始他很抗拒，我们费了九牛二虎之力才让他答应来上课的。”说到这儿，新新爸爸还是掩饰不住的高兴，仿佛让孩子屈服，是一件让他脸上很有面子的事情。

“我想问题就出在这里。”老师煞有介事地分析道，俨然一副教育专家的面孔，“他一定是在心底还在抗拒来学画画的事情，所以用这种行为表示自己的愤慨。今天我是让孩子们把自己最喜欢吃的东西画下来，结果新新就把这张纸给涂满了黑色。说实话，看到新新这个‘作品’的时候，我吓了一跳，感觉这里面表达出了他的愤慨。”

听老师这么一说，新新爸爸也觉得有道理，这黑漆漆的纸，哪像是正常小孩画的东西，肯定是这小子在故意捣乱。

新新爸爸就这样把儿子的行为定了性，晚上回家以后，不由分说劈头盖脸就是一阵呵斥。新新很委屈，哭着跟爸爸解释道：“我没有捣乱，真的没有！老师让我们画最喜欢吃的东西，我画的是海苔……”

★★ 自以为是的人才真的幼稚

自以为是=幼稚。相信这个命题极少有人会反对。

可如果我说大人往往比孩子更自以为是，你是否也会表示赞同？

至少，在新新的案例中，无论是他的爸爸，还是老师，都犯了自以为是的错误——他的爸爸自以为是地把孩子送到了美术班上课，丝毫没有考虑孩子本身的意愿。从这个角度而言，他的父亲不懂得尊重别人，这无疑是幼稚的表现。

而那位老师，同样也是自以为是地觉得孩子把纸涂黑就是在捣乱。难道她不知道，画画的形式可以多种多样，并不一定非要是线条表现在纸上吗？所以她给新新定性的行为，也是无比幼稚的。

其实大人幼稚的表现不仅如此。中国一个心理援建网站曾经在孩子中做过调查，题目就是“你心中大人最幼稚的10大行为”。

调查结果让我们这些自认为成熟的大人汗颜。

孩子们觉得大人最幼稚的行为中，有一条就是“妈妈对待客人比对我更亲热”。被调查的孩子认为，在自己的生日会上，妈妈光照顾客人了，给他们的蛋糕都比给自己的大，给他们拍的照片也比给自己拍的多，这种行为很幼稚。

或许大人会觉得我这么做是尽到了地主之谊，可是如果我们站在孩子的立场，是不是也会有种被冷落的感觉？

而把自己跟别的小孩攀比，也是被调查的孩子们特别讨厌的幼稚行为。或许你会觉得，我把孩子跟别人比较，是为了激励他，让他有竞争感。那么我想请问家长们，如果你的孩子有一天告诉你：“妈妈，你比××的妈妈差远了，她比你漂亮、温柔、有气质……”你会作何感受？

其实孩子远比我们想象的更加成熟。比如孩子往往会拒绝撒谎，可对大人而言，要做到不撒谎几乎是不可能的；孩子们知道乘车要给老弱病残让座，大人们有几个能做到？孩子知道节约和环保，他们会捡起路上的垃圾扔到附近的垃圾箱里，大人往往对其视而不见……

孩子知道什么是对的，他们也能毫无顾虑地去做那些正确的事情。可大人却往往会觉得做这些事没有面子。

所以，现在希望家长们好好想一想，我们和孩子比起来，究竟谁更幼稚？

★★ 亲子互动建议

○请尽量保留孩子的“幼稚”。经常会有家长苦恼自己的孩子早熟，我们也可以发现周围越来越多的孩子说话的时候失去了原本应该有的童真。聪明的孩子固然很招人喜欢，可如果一个孩子说话做事都带着与自身格格不人的老练，这样的孩子也就失去了孩童应该有的可爱。家长应该尽量少给孩子灌输成年人的思想，不要刻意去纠正孩子说话时所带有的天真和童趣，让你的孩子在童年时期保留着本来就该有的“幼稚”。

○童话故事的选材要恰当。家长在给孩子讲故事的时候应该慎重选材，或者在讲故事的时候应该尽可能地注意自己的表达方式，不要让童话故事成为误导孩子的“凶手”。很多孩子在父母灌输的王子和公主的童话故事后早恋，这就是童话故事表达不当而造成的负面影响。这类故事如果在讲述时表达的意思或主题不恰当，很容易使孩子的“幼稚”在对故事错误的理解中转变成无知。

★★ 亲子互动测试第5环

测试：EQ加油站

EQ（Emotional Quotient）就是情商的意思。智商指的是一个人的智力水平，那么情商指的是什么呢？情商指的是一个人的情绪智力，简单来说就是一个人控制自我情绪和管理他人情绪的能力指数。现在和孩子一起来做下面这些题吧，看看你和孩子的情商指数如何？

1.如果你和你的朋友一起出门，你们需要随身携带一些行李，你会选择下面的哪一样？

A.书包

B.矿泉水

C.卫生纸

2.如果今天要去外公家里，你打算怎么穿衣服？

A.跟平时一样

B.看心情随便穿

C.特意地打扮一番

3.如果觉得孩子/爸爸妈妈有什么地方做得不好，你会如何选择？

A.选择时间去委婉地表达这件事　　B.像鸵鸟一样逃避这件事　　C.一定要马上说出来

4.如果前几天跟一个朋友吵了架，今天看到他向你迎面走来，你会？

A.很开心地跟他打招呼　　B.假装没有看到　　C.路过的时候故意表示不屑

5. 当你学习/工作的时候，孩子/爸爸妈妈却在旁边大声喧哗，你会？

A. 不为所动继续做事　　B. 觉得受到了影响，但还是坚持做事　　C. 放弃做事大声斥责对方

上面5道题选A得100分，选B得60分，选C得20分

得分在380分以上，说明你的EQ不错噢，心态很好，遇到事情总是能采取对自己最有利的处理方式，如果能够保持这样的性格，一定会拥有很多的朋友和很广的人际圈。

得分在300分以上，心态也不错，这样的EQ已经能足够你在朋友圈中如鱼得水了，作为父母应该给孩子一些合理的指导，保持孩子的好心态，多鼓励、少打击，不要太早让孩子看到社会的阴暗面。

得分在180分以上，作为孩子可能稍微自闭了一点，缺乏表达自己的能力，也很难理解别人需要什么，作为父母应该跟孩子多交流，让孩子更勇敢、更坦诚一些，多培养孩子的领导能力和指挥能力。

得分在180分以下，作为父母有些失败了，孩子可能有些过度懦弱或者过度骄纵了，父母应该负起责任来，让孩子能够平和自己的心态，健康快乐地成长。

第六节　学会尊重孩子的天分

有这么一句老话："三百六十行，行行出状元"。同样，每个孩子擅长的事情也都各不相同。有的孩子爱动手，有的孩子爱动脑，不可能每个孩子都会喜欢做同一件事情的。

天分是具有一定的创造力的意识，而不是模仿力的意识。家长作为孩子最好的老师，及时地发现自己孩子的天分，使其不被埋没，是责无旁贷的。要发现天分，首先就要搞清楚什么是天分，只有清楚什么是天分，才能清楚地知道应该对孩子的哪方面着重培养，试想如果非要让贝多芬去画画，让毕加索去弹琴，那结果只会有一个——世上同时失去了两个伟大的艺术家。可在这个所有家长都希望孩子多元化发展的年代，越来越多的家长要求孩子多才多艺。这当然没什么不好，可毕竟不是每个孩子都能成为达·芬奇，一个人同时成为画家、寓言家、雕塑家、发明家、哲学家、音乐家、医学家、生物学家、地理学家……

一个孩子学习才艺和特长的道路横看像"打仗"，竖看像"赶场"，这样其实根本也就失去了"爱好"两个字的意义了。

★★真实案例——不聪明的贝贝

贝贝的妈妈一直觉得自己的孩子比别的孩子笨，甚至还带孩子去专业机构测试了智力，结果当然是贝贝和别的孩子一样正常，而且测试的分数还不低，这让妈妈更加疑惑了。

妈妈之所以觉得贝贝没有别的孩子聪明，这还得从孩子的表姐说起。贝贝的表姐比乐乐大3岁，表姐很机灵，长的也清秀可爱。不仅这样，这个孩子在被父母送去学钢琴之后也充分展示出了过人的天分。同时还主动要求学习绘画，并且绘画比赛在同年龄段的比赛中也获得了一等奖。这样一个孩子，的确是非常的优秀。

可这些和贝贝有什么关系呢？在贝贝的妈妈看来，这个和贝贝的关系可大着呢。首先是在爷爷奶奶那里，贝贝的妈妈觉得自己的孩子如果不如别人的话肯定会得不到宠爱的；其次她自己的孩子不如别人她也会很没有面子。所以贝贝的表姐学什么，妈妈就送贝贝去学什么。试想，这样强求怎么可能会有好结果，结果当然是惨淡的。贝贝学习钢琴毫无天赋可言，甚至可以说是笨拙。尽管妈妈对贝贝要求苛刻，经常还为了逼孩子练琴而大打出手，可依然是毫无进展。妈妈还不死心地又送贝贝去学画画，结果当然也是惨淡收场。

贝贝妈妈的一味强求，使得自己的孩子哪头都不占。孩子现在应该10岁了，可用一无所长来形容也毫不过分，为此妈妈十分苦恼。可现在再后悔又有什么用呢？孩子已经被这样耽搁了5年了，被浪费的成长黄金阶段的时间是永远都找不回来了。贝贝的妈妈纵然再后悔，也无法弥补这种一生的遗憾。

★★ 支持孩子的爱好

或许很多家长都会一脸委屈地说：从来都很支持孩子的爱好，他想画画，我就给他买全套的绘画工具；他想学跆拳道，我就带他去参加培训班；

他想学钢琴，我就花几万元钱买一架钢琴……可结果这家伙学什么都是三天打鱼两天晒网，没上几节课就半途而废了，你要我怎么去支持他的爱好？

没错，孩子的兴趣爱好是广泛的，同时也缺乏持久性。我们曾经做过一个测试，发现孩子对一个兴趣的持久度，在没有外界引导的情况下，一般能只持续一周左右。过了这个时间，他就开始觉得这东西很没意思了。其实很多大人也是一样，对一件事情的新鲜感过去，也就会觉得这件事的乐趣大打折扣。比如有的人会凭一腔热情买一张几千元的健身卡，一开始每天下班都要去健身，并且觉得很有乐趣，可是时间一久，也就逐渐荒废了。

大人尚且如此，孩子就更不用说了。

所以支持他们的兴趣爱好，挖掘孩子无限的潜力，只是配合还不够，更重要的是如何去引导。

至于如何引导，张爱玲父母的做法或许值得我们借鉴。

张爱玲八九岁的时候跟别的小孩一样，都特别喜欢看漫画。而漫画看多了，自己跃跃欲试画几幅就顺理成章了。于是张爱玲有一段时间也特别喜欢画漫画。

如果是别的父母，看到自己的孩子热衷于画漫画，保守点的可能会喝止，觉得他们在玩物丧志，生怕会影响学业；开明点的也许会任其发展不会过分干涉。

可这都不是最聪明的做法。

张爱玲的父母看到的孩子画的漫画以后，不光是赞赏，还鼓励她把画稿投到报社去。小爱玲听了父母的话，把画稿给一家报纸投了过去，几天以后，真的刊登了，而且报社还给她寄来了稿费。虽然只是微薄的几元钱，但对于这个年纪的孩子来说，未尝不是一种莫大的鼓励。

随着小爱玲年龄的增长，她对文学的爱好也逐渐体现了出来。最初的时候，她酷爱《红楼梦》，于是就突发奇想把红楼梦里面的人物拿出来，让他们“穿越”到了现代。每写好一部分，她就会把它给父亲看，父亲不光只是看看，夸奖夸奖就完事，而是要给这节故事拟上回目并且给出自己的意见。在父亲的支持下，小爱玲完成了这部小说，这时候，父亲又把它装订成册，并且将其命名为《摩登红楼梦》。

而这本小说，也成为了张爱玲走上文学道路的一个起点。

其实无论是漫画还是小说，张爱玲靠的都是自己的兴趣，但是兴趣只是一种萌芽，要让这个萌芽发育成长，父母的引导功不可没。

他们不仅对孩子的成就给予了及时的赞赏，更鼓励她把兴趣转化为成果。当无形的兴趣变成有形的成果的时候，对孩子来说，这就是一种动力，每当她看到自己发表的作品，父亲装订好的册子的时候，成就感就会充盈。而成就感恰恰是我们坚持做一件事情的最完美的支持力。

所以，支持孩子的兴趣，不在于你是不是给他当下喜欢的事情配备最好的硬件设施。而在于父母是否善于帮助孩子把眼下的兴趣转化成为一种可见的成果和持续的动力。

★★ 亲子互动建议

○别忽视孩子的感受。在你为孩子选择学习的方向和决定孩子特长发展方向时，尽量咨询一下孩子自己的意见，一味让孩子听从你的决定，这对孩子来说不仅不公平，也容易对孩子的学习能力判断失误。任何特长的培养和学习都需要一定的天分，如果完全没有天分地进行学习和培养，结果只能是徒劳无功。

〇你的想法不能完全代表孩子。的确，身为孩子监护人的你有为孩子选择和决定的权利，但如果你总是把自己的想法强加施行在孩子身上，这就实在是太不科学了。为孩子做的选择一定是要经过慎重考虑才行的，如果只是盲目的随着你的性子来，那不仅不科学，还极端地不负责任。

★★ 亲子互动测试第6环

测试：看看你跟孩子谁更公平

这道题是一道亲子互动题，下面有两个表格，现在父母和孩子们来换位思考一下，想想看对方的优点是什么，有什么是自己做不到而对方能做到的事情。

爸爸/妈妈的优点：

孩子的优点：

答案分析

根据心理学的原理，一个人在填写对方的优点的同时，也是在倾诉自己的诉求，所以根据你填写的对方的优点，我们可以将你的评价分为两个部分，第一个部分是互动诉求部分，就是你希望对方继续保持的能够给你带来某种好处的优点；第二个部分是个体发展部分，就是你对对方的某些特长感到向往，希望自己也能拥有类似性质能力的愿望。

当互动诉求部分远远高于个体发展部分要求时：作为孩子依赖心有些过度了，父母应该多给孩子提供一些独立的环境，增加孩子的自信心。作为父母如果诉求过度，应该及时反省自己是否一直是用高高在上的态度和孩子交流，应该放低自己的态度，放平心态来对待孩子。

当个体发展部分远远高于互动诉求部分要求时：作为孩子稍微有些缺乏温情，父母应该多增加和孩子相处的时间，不仅仅要成为孩子心中的英雄，也要成为孩子心中的港湾。而作为父母如果个体发展部分太高，则应该注意不要太溺爱孩子，在孩子出现问题的时候，除了应有的鼓励也应该告诫孩子基本的道理，不要让孩子产生可以再犯同样错误的心理。

CHAPTER 2

第二章 发现才华之旅

—第一节　左脑与右脑的故事—

运动能力比较强的人经常会被人说成是“头脑简单四肢发达”。可事实真的是如此吗？很明显，这样的理解显然是错的。

人的大脑分为左右两个半球，也就是左脑和右脑。右脑支配人的左手、左脚、左耳等人体的左半身神经和感觉，而左脑则支配右半身的神经和感觉。所以说，一个人的运动能力再强都离不开大脑的控制，而具体在哪个项目上强，或是要看具体到是左边强还右边强，这就依靠的是左右脑的能力强弱了。还有就是说，左脑和右脑分别支配着人身体左右两边。

左脑掌管语言，根据现有的知识进行逻辑推理，这是非常重要的功能，但左脑产生的语言一般没有启示性，也难以得出新的理论。右脑的功能在于感悟、想象和预料。碰到一些百思不解的事情，如果出现某种启示，这是储存在右脑里的祖传信息被调用，问题往往迎刃而解。

★★ 真实案例——聪明的君君

每当君君和同龄人在一起玩的时候，他的聪明伶俐都会引来别人父母的夸赞。的确，才一岁多的君君已经在色彩、音乐和空间感上显示出了他的不凡特长。

比如有一次君君的父母跟朋友一家在一个餐厅聚会，餐厅里正好在播放一段曲子，刚刚学会走路的君君就跟着节奏在哪里有模有样地扭了起来。而朋友的孩子则完全没有对音乐产生任何兴趣，只是坐在那里摆弄自己手上的玩具。

如果你以为君君是个调皮的小家伙，那就错了。后来爸爸带君君去自助餐台上取食物，君君则又变得很听话，寸步不离地跟在爸爸身后，也不会调皮地用手去抓那些食物。而当爸爸问君君想吃什么的时候，他才会用手指指自己感兴趣的食物。

饭后，君君的父母和朋友在那里聊天，而两个小孩子则在一旁玩耍。这时，两个小家伙又显示出了完全不同的性格。他们玩的是君君父母带去的积木，君君很快就用积木垒成了一个高高的“大厦”，而朋友家跟君君差不多大的那个孩子则完全不会玩积木，只是把积木堆到一起，然后再胡乱扒开。

君君的聪明劲让朋友一家很好奇，究竟是进行了怎样的培养，才能让一岁多点的孩子就有如此能力。

君君的爸爸告诉朋友，其实他也没有刻意去培养什么，只是在平时特别注重音乐和画面教育，比如每天都会抽出特定的时间带孩子一起欣赏音乐，同时经常让君君去看五颜六色的图画，并且早早地给他买了一套积木让他玩罢了。

没想到时间久了，君君不仅在色彩、音乐和空间感上有出色进步，更让他们吃惊的是孩子似乎变得更加听话懂事了。

★★ 了解我们的左右脑

美国心理生物学家斯佩里博士做过一个有名的实验，即割裂脑实验。而这一实验也让他获得了1981年诺贝尔医学奖。

实验内容有些惊悚：斯佩里通过切断实验体的脑梁，让实验体成为左右脑各自完全独立的“裂脑人”。

然后，斯佩里对这个实验体进行了一系列的测试。

他用遮罩先挡住实验体的左眼，然后在他右眼前逐一展示出一系列的画面和图形，让实验体用语言对画面图形进行描述。可事实证明，实验体无法完成这一工作，哪怕图形很简单，他也没法说出它是什么。

这个实验说明了左右脑各自有不同的分工——左脑偏重于理解和逻辑思维，而右脑则倾向于感性、图形思维。

这二者当然没有轻重之分，理性和感性对于个体而言同等重要。但是若从智力发育和潜能开发的角度来看，二者就有差别了。

我们传统的教育理念是倾向于训练左脑的。比如逻辑思维的训练、经验的建立和理性的思考。但是我们同时也知道，经验会把人带入“死胡同”，逻辑思维在处理纷繁的事物时有不可穷尽的硬伤。所以我们可以这样认为——左脑的开发是有限的。而右脑则不同，图画、音乐和感性思维是没有固定标准的，而不合逻辑的事情，往往也是我们认知这个世界的突破口。

实际上右脑潜能极大，它的信息容量是左脑的数十万倍，使用右形象记忆与使用左脑抽象记忆效率为1000：1。由于人们接受感性认识比抽象理论容易，记忆也更牢固，思维也更开阔，所以一个人聪明与否很大程度上取决于右脑潜力是否得到发挥。

由于我们一直重视左脑的开发，甚至传统习惯中也是使用右手先于左手，导致大多数人左脑比较发达而右脑未曾得到足够的开发，因此在左脑能力相当的情况下，右脑得到发开的人占据了更多优势，像锻炼左手较多的左撇子往往比较聪明，而70%以上具有高度创造力的科学家，他们的右脑都代替了左脑成为优势半球。

简单来说，就是右脑的开发是无穷尽的，尤其是对3岁以前的幼儿来说，强调右脑的开发，更是决定了他是否能够成为天才的基础条件。

★★ 亲子互动建议

○让孩子摆脱左脑的控制。在大脑的运用上，为了更好地活化右脑，要尽量消除左脑语言的、逻辑的、数学化的思维，进入右脑形象的、直观的感觉，提高右脑非语言思维能力的培养。左脑的功能在于寻求共同点，右脑则在于发现不同处，左脑按常规思考问题，做决定往往与竞争对手雷同。而用右脑思考问题的话，就能想到和做到与别人想不到也做不到的事情。

○让孩子进行外语的学习。只学一种语言时，开动的仅仅只是左脑，只有学习几种语言才会启发右脑。右脑逐步开启使用的过程中，翻译层次也在不断地提高，这是一个由左脑到右脑的转化过程，需要长期的历练和天分。

★★ 亲子互动测试第7环

测试：看看你的左脑和右脑哪个更聪明

随着现代科学的发展，左撇子已经不再被当成一种不良习惯来被予以修正，尤其是西方宣传的左撇子更聪明这种理论，让更多的左撇子可以自由地选择自己的“利手”去写字、吃饭或做其他复杂的动作等。

其实左撇子更聪明这种说法在社会科学界并没有得到一个科学统计数据的支持，但是经常使用左手的人的确更容易锻炼右脑，进而拥有更好的感性感知能力，当然代价就是左脑得不到锻炼而失去了抽象思维的能力。

事实上大部分人都不是纯粹的左撇子或右撇子，而是介于这两者之间偏向其中一种，比如有人习惯吃饭和写字用右手，但是开门、猜拳和遮挡的时候则用左手。下面我们做的游戏，就是帮助你们来找到自己的优势脑，看看你的哪边脑袋更聪明。

题目：看着图2-1，然后闭上眼睛，按照图上的顺序，从左到右，从上到下的在大脑中默背这张图上的内容，当你记忆字母的时候你在大脑中想象自己在用左脑思考，当你记忆数字的时候，你在大脑中想象你是在用右脑思考，按照A0B1C2……的顺序记忆数次以后，尝试倒过来从9开始按照9J8I7H的方式倒背，看看你会在字母还是在数字那一边出现延迟，哪边出现延迟，这就意味着那一边是你的弱势脑。

PS：为了保证公平，在做这个测试的时候应该先将字母倒背如流，能够达到和字母一样的熟悉程度，或者将字母和数字的左右方位变换后再测试一次。

图2–1

左脑为优势脑的人：人类的左脑又被称为感性脑，擅长使用左脑的人往往都有非常好的逻辑分析能力，能够迅速理解抽象的概念，同时把复杂的问题简单化，并从纷乱的信息中寻找出最重要的一块，然后加以利用处理。在开发左脑的时候应该注重锻炼左脑的判断能力，形成科学独立的思维方式，多注重培养孩子的自学能力，尤其是要注重孩子的口头表达能力，语言几乎是完全由左脑控制的能力，所以擅长语言表达的人左脑都非常发达。另外注重锻炼左脑可以改善孩子压抑的性格，左脑负责储存人体产生的乐观和正面情绪，开发左脑也是治疗儿童抑郁症的一种好手段。

右脑为优势脑的人：一方面左撇子在人群中还是小比例人群，另一方面右脑偏重于图像处理信息，所以你常常能提出独到而富于空间感的想法，很擅长在人群中扮演关键角色。在开发右脑时应该注重感知各种不同性质事物之间的联系，比如将音乐记忆成颜色、气味记忆成图像、触觉记忆成情感，把逻辑性的事物转换成右脑擅长的图像信息保存起来，同时也就将人体的六感联系了起来，最后形成“共感”的思维习惯。而“共感”能力突出的人往往拥有惊人的创造力，无论是在艺术上还是其他事业上，往往能够从不可测的角度获得新颖的观点，从而取得非常高的成就。

—第二节　星座中的科学—

在中国有用十二生肖来比喻出生年份的习俗，而在西方则是用十二星座来代表着不同月份出生的人。星座起源于四大文明古国之一的古巴比伦，约5 000年以前的美索不达米亚，有一群巴比伦尼亚的牧羊人，他们过着逐草而居的游牧生活。在他们牧羊的流浪生活中，习惯了每天都会观察闪烁在夜空中的星星，久而久之，就从星星的动态中看出了很有规则的时刻与季节变化。每天一到了晚上，他们就一面看着羊群，一面观察满天繁星，还将较亮的星星互相连接，并把连接而成的形状联想为各种动物、用具或他们所信仰的神像等，他们还为这些联想的图形取名，创造了所谓的星座。

十二星座有着各自不同的美丽的神话故事，神话故事总是会令人向往，这同时也吸引了大家去研究各自不同的星座。而现在越来越多地用星座来判断一个人的性格，甚至有些星座研究的爱好者在与人交往时用星座去分析对方属于什么样的人。很多人对星座分析的信任度已经达到完全信任的程度了，就好比对电脑里某个文件的类型不了解时打开“属性”的信任程度。

然而，以星座来分析人到底是否科学呢?

★★ 真实案例——小月的才华

小月出生在传说中最具有神秘气质的5月——属于金牛的日子，根据星相学认为出生在这一天的孩子往往拥有特殊的艺术天分，往往能够在艺术上拥有很高的成就。

小月的妈妈很喜欢研究星相学、生肖学、手相学等，小月出生以后妈妈没有少折腾小月，总是照着各种书上教授的方法去“定向”培养小月，妈妈决心要把小月的天分全部挖掘出来，让小月成为爸爸妈妈的骄傲。

如果真的任由妈妈这么折腾，可怜的小月可能一生都毁掉了，幸好有理智的爸爸，否定了妈妈那些拔苗助长的错误做法，让小月能够凭着自己的性子自由发展。

妈妈慢慢也认识到很多星座书或者其他命运论的书都是胡说八道，不要说能够看穿一个人一生的命运，就是看出眼下的性格也很困难，虽然小月的性格确实越来越像一个标准的金牛座，但是这种自然成长起来的性格和星座书上还是有细微的差异。

爸爸告诉妈妈星座书上说的很多都是后人为了骗钱捏造的，真正的星相学哪有那么神奇，能够凭几句话就将全球1/12的人定位为同一种性格，如果大家都这么简单，在地球也太好“混”了。

在小月爸爸的“百般阻挠”下，妈妈终于屈服，没有再折腾过小月，但与此同时她也惊喜地发现，金牛座的小月果然很有艺术天分，无论的演奏还是绘画都具有非常优秀的才华，虽然没有了妈妈的“帮助”，小月还是妈妈值得骄傲的宝贝。

★★ 了解星座学

很多人认为星座是迷信，其实星座论是有一定科学道理的，因为胎儿的重要器官，如脑、眼、脊、四肢等都是在怀孕后的3个月以内就开始发育，这也在很大程度上决定了出生婴儿的某些特征和区别。

这3个月如果落在夏季就比较有利于器官的发育，而冬天则恰恰相反。事实也是这样，在北半球中纬度地区出生的人其中比较优秀的通常都是上半年生日的较多，南半球却正好相反。而且，越靠近赤道，这种生日造成的差异也就越小。南方气候好，所以下半年出生也不会影响胎儿的发育，因此也才有了南方人头脑比北方人灵活，而北方人则在体魄上强于南方人的说法。既然这样，那么按照星座划分人的个性看来还是有一些道理的。

英国科学家也已经证明，天体引潮力对胎儿的智力发育有影响。仅这一条，其实已经可以证明星座性格学是有科学根据的了。

★★ 亲子互动建议

○了解孩子的星座性格。既然星座学是具有科学理论性的，那么作为家长也就更应该了解自己孩子是什么星座和了解孩子的星座有哪些特质。要多查阅一些关于星座性格的知识和理论，观察孩子身上是否具备星座知识上所提到的那些特质和性格特征。不要觉得星座常识和知识用处不大，必要的时候这次话题可以拉近你和孩子的距离。

〇了解不同星座间的联系。每个星座都有自己不同的性格特征，同样每个星座也都分别和不同的星座有着密切的联系。也许某个星座是你最合拍的，而另一个星座也许跟你是最不易相处的。作为家长，自己孩子的星座与自己星座之间的关系如何想必都是很关心的吧？你不用一直处于迷惑的状态，你的疑惑，星座知识和分析都可以帮你分担。

★★ 亲子互动测试第8环

测试：你是标准的星座性格吗？

一起来看下面的分析报告，试试看你是否能够和自己的星座性格挂上号。

图2-2　白羊座

白羊座（公历3月21日～4月20日）：在雨季降临的白羊座吸收了春天的生气，总是全身上下充满了沸腾的活力。有时候看见白羊座热火朝天地在忙活，并不是他对这件事情多么感兴趣，他也许只是在释放自己旺盛的精力。白羊座的人每个细胞都充满了生命的元气，他们热爱这个世界，对这个广博的宇宙充满了好奇。所以白羊座的人十分热衷于追求新鲜事物，对于充满冒险浪漫主义色彩的事情情有独钟。这种孩子气的行为有时候会让人觉得十分可爱，有时候又会让人觉得非常头痛，是一个盛产英雄的星座。

图2-3　金牛座

金牛座（公历4月21日～5月20日）：送走了春天的尾巴，赶在潮湿的夏季出生，金牛座似乎生来就感染了盛夏的沉闷，就算看上去热情开朗的金牛座，骨子里也觉得自己是个保守纯粹的人。夏季充足的水分和热情的温度，往往会给金牛座一副较好的皮相，至少也会让金牛座的人都拥有追求美的天分。守护神是维纳斯的金牛座是十二星座中最具艺术气质的星座，从事绘画、音乐、文学、哲学方面的工作会让金牛座充分发挥自己的天赋，享受到工作带来的乐趣。

图2-4　双子座

双子座（公历5月21日～6月21日）：出生在自然界最生机勃勃的时节，双子座的人就像上帝的宠儿，健康、智慧和幸运都伴随在他的周围。与相差一个月的金牛座几乎是有着完全不同的个性，双子座的人认为世界上没有什么太困难的事情。天生长袖善舞的人际交往能力，让双子座具备复杂的性格特质，与其说双子座是双重性格，不如说他懂得什么样的态度应该用在什么样的场合。几乎不用花什么心思和工夫，双子座天生就是社交场上的明星，什么都懂一点儿让双子座具有极强的亲和能力，几乎所有人都会在双子座的言谈中找到共鸣。

图2–5　巨蟹座

巨蟹座（公历6月22日～7月22日）：生在夏季最温和的时节，温暖的气候和温润的水分，滋养出了巨蟹座温顺的性格。很少有人能看到巨蟹座发脾气，巨蟹座是高EQ的星座，他们很擅长掩盖自己内心的情绪，能够随时随地保持淡定的微笑。天生的平顺和耐心让巨蟹座擅长倾听，敏锐的情绪感知能力，让巨蟹座能第一时间发现症结所在，恰到好处的安慰让巨蟹座显得体贴温柔，在朋友圈中拥有绝佳的人缘。

图2–6　狮子座

狮子座（公历7月23日～8月22日）：沸腾的气温是王者的火焰，生在盛夏的狮子注定是要戴着王者的光环。这个天生贵气逼人的星座，十分热衷于权力和表演。狮子座的人往往看上去气度雍容，作风果断直接，很容易成为众人瞩目的焦点。天生擅长从全局分析问题，一举命中核心的能力更是狮子座的天赋才干，但年轻的狮子往往缺乏细节分析能力，虽然视野开阔，却很难控制全局。尤其是王者的尊严不允许他承认自己的错误，所以在出现问题时往往疲于应付，虽然狮子座非常努力向上，但是却常常惹出许多不必要的麻烦。

图2-7　处女座

处女座（公历8月23日～9月23日）：出生在气候最宜人的早秋，让处女座骨子里有一种完美主义情结。心思单纯一板一眼的处女座非常较真，不管是对自己还是对别人都要求严格，一切从细节出发，连画个圆都要拿圆规比着画。幸好处女座对结果并不执念，虽然在过程中非常细致，竭力追求完美，但是却对结果非常豁达，不会因为不理想的成果而一蹶不振，算是拿得起放得下的性格。

图2-8　天秤座

天秤座（公历9月23日～10月23日）：左手握着成熟，右手握着丰收，在金色的秋季出生的天秤座总是非常热衷于得到别人的肯定。一个温暖和信任的环境会让天秤座过得非常幸福，就算面对挫折也会愿意勇敢面对，以期得到更多的肯定和赞赏。盛产俊男美女的天秤座天生容易得到更多照顾，他们非常注意自己的形象和性格，希望能保持一个迷人的状态。但是过度沉迷于对美好环境的依赖中，不擅长处理矛盾的天秤一旦遇到困难就会选择逃避，如果遭遇较大的不幸，会在内心形成无法磨灭的伤口，表现得意志消沉，一蹶不振。

图2-9　天蝎座

天蝎座（公历10月24日～11月22日）：刚刚来到这个世界就遭遇了第一次寒流，天蝎座似乎生来就是要与这个世界战斗的。恶劣的生活环境赋予了天蝎座敏锐的第六感、神秘的感应力和强烈的直觉。天蝎座仅仅凭借与生俱来的直觉，就能在第一时间判断出一件事物的走向。这种对灾难的敏锐嗅觉是天蝎座的生存法宝，也是造成天蝎座神经紧张的不幸根源。

图2-10　射手座

射手座（公历11月20日～12月21日）：出生在一个气温急剧下降的时节，没完没了的寒冷让小射手们吃足了苦头，他们骨子里排斥一切寒冷和束缚。射手座的人永远都像是来自远古的斗士，他们热情开朗、纯真智慧、主动乐观，从来不会畏惧眼前的危险，充满了绅士风度，喜欢保护身边的人。但是却讨厌权力和束缚，不愿意被任何人控制，就算是最爱的人也不行。他们与大自然如此和谐，几乎没有动物不喜欢他们，他们足迹踏过的地方都是家园。所以对射手座来说，人生如此短暂，一点都不能浪费，然而没有什么事情能比满足他对世界的好奇更有意义。

图2-11　摩羯座

摩羯座（公历12月22日~1月19日）：出生在一年中最冷的季节，如果没有足够的坚韧，是无法抵抗那样冰冷的气候的。摩羯座人似乎身体都很健壮，就算体质天生稍差的也会注意锻炼和保养，他们擅长耐力类的运动，都是天生的马拉松健将。如果说摩羯座是十二星座中意志最坚定的，相信没有人会反对，他们擅长给自己定下一个目标，然后锲而不舍地去实现，没有人敢小看摩羯的意志力，你知道他最后一定会站在他向往的山峰上。

图2-12　水瓶座

水瓶座（公历1月20日~2月19日）：水瓶座的孩子来到这个世界的时候，刚好赶上了冬天的尾巴，经历了短暂的寒冬洗礼后，随即进入了温暖的春季。来自寒冬的记忆深深地映刻在了水瓶的潜意识里面，虽然很快感受到了春日的温暖，却始终保持一份警惕的心态。所以水瓶座的人神秘、低调，具有高度的忍耐力，是富有理性思维的代表星座。但过度的冷静也带来了水瓶座保守的一面，这个有些不近人情的星座十分顽固，常常让人觉得冷漠且难以接近。事实上水瓶座几乎没有任何攻击性，极端讨厌暴力和争执的他甚至还是个和平主义者。

图2-13　双鱼座

双鱼座（公历2月19日～3月20日）：双鱼座的人出生在春季，刚出生就迎来了一年中最温和的季节，所以也形成了双鱼座温柔、平和的天性。天性浪漫的双鱼座对幸福的理解和其他星座大相径庭，只有情感上的满足才能让双鱼座真正得到幸福。但这并不意味着双鱼座的事业运不好，恰恰相反，就是这种不强求的心态和天生认真负责的态度，双鱼座的人无论在哪个岗位上往往都可圈可点。而且充满现身精神的人生态度，让双鱼座很容易得到上司的认可和重用。唯一的弊端就是双鱼座缺乏足够的领袖魅力，不适合做人力主管等方面的工作。

测试分析

看完了上面的性格分析以后，现在想想你是否认同关于自己星座的性格分析，如果你已经选择了无视其中有些微出人的部分，而信任其中与你的性格相符的部分，那么你已经落人了这一节的游戏陷阱。

根据著名的“巴纳姆效应②”所提出的原理，当你对一般的星座描述认同感越高的时候，你就越需要重新客观地认识自己。但是对于孩子来说，正面的星座描述往往会给孩子带来想不到的引导作用，所以在选择给孩子看的星座或者相关的资料时，应该尽量强调其中积极的部分，弱化消极的部分，让孩子产生正面的暗示效果，进而切实地拥有他自己所期待的优秀品格。

注释

②巴纳姆效应：巴纳姆效应是由心理学家伯特伦·福勒在1948年通过试验证明的一种心理学现象。在试验中他创作了一段适用于大多数人的描述，并且最终通过试验得到了这样一个结论——每个人都会很容易相信一个笼统的、一般性的人格描述特别适合他。即使这种描述十分空洞抽象，但他仍然认为这些描述反映了自己的人格面貌。而如果想要避免巴纳姆效应，就需要

更加客观和真实地认识自己。

（伯特伦·福勒使用的描述材料：你企求受到他人喜爱却对自己吹毛求疵。虽然人格有些缺陷，大体而言你都有办法弥补。你拥有可观的未开发潜能尚未就你的长处发挥。看似强硬、严格自律的外在掩盖着不安与忧虑的内心。许多时候，你严重的质疑自己是否做了对的事情或正确的决定。你喜欢一定程度的变动并在受限时感到不满。你为自己是独立思想家自豪并且不会接受没有充分证据的言论。但你认为对他人过度坦率是不明智的。有些时候你外向、亲和、充满社会性，有些时候你却内向、谨慎而沉默。你的一些抱负是不切实际的。）

—第三节　谁更擅长与人打交道—

“社交”似乎是成人世界里的专有名词，可事实上孩子与人相处的过程，也应该算得上是社交的一种。在当今世界，社交能力往往影响到孩子今后的成功发展。父母应该关注孩子社交活动的能力水平，孩子与其他孩子，大一些或小一些的孩子接触时相互融洽的程度。现在的孩子将面临比上几代人更大的挑战。随着网络时代的到来，出现了“网络社交技巧”。掌握熟练的社交技巧的难度也加大了。所以，家长也不能只是像过去那样简单地只让孩子们参加很少的社交活动了。

也许很多人会觉得孩子和人的相处并不应该被称为是社交，因为“社交”一词常给人的是一种比较正式、功利的感觉。其实并不应该小看孩子的社交能力，甚至于有时候在你的社交圈里，孩子也会成为一个不可或缺的亮点。

你仔细地回想一下，你的孩子是不是在某个不经意的时候，已经成为了你和朋友聚会时的“开心果”，属于你的大人的聚会却只有这个小家伙能吸引众人的眼球，并且成为众人围绕的中心；又或者在某个原本沉闷且功利的社交场合，也因为孩子的出现而变得轻松、愉快。

是的，孩子可以和你的朋友相处得很愉快，然而你在孩子和小伙伴们交谈甚欢的时候，你又是否能加入到他们的“小人国”呢？

★★ 真实案例——被禁足的珠珠

珠珠是个活泼的小女生，平日父母都要上班，所以多数时间是奶奶在带。而奶奶又是那种喜欢遛弯的人，所以每天都要出去好几次，每次自然也要带着珠珠一起。周围里有很多同龄的小孩，一来二去就都玩得特别熟了。每天从幼儿园回来后，珠珠还要出去跟院子里的小朋友玩上个把小时才肯回家。不过因为珠珠的父母下班都很晚，所以对这个事情也不太在意。

后来珠珠的奶奶因为身体原因没法再带孩子，请保姆又不太放心，珠珠的妈妈前思后想，决定辞职在家专心照顾孩子。

可是她在家没几天，就发现了珠珠喜欢在外面玩的特点。妈妈对此很不满。一来她觉得女孩子成天在外面疯玩疯闹不好，会严重抹杀她理想中的小公主气质；二来妈妈觉得小孩子在一起免不了会打打闹闹，一追逐打闹就可能受伤，轻则有皮外伤，重则伤筋动骨，就算没有受伤，弄脏衣服也麻烦。所以综合上述几点考虑，妈妈干脆给珠珠禁足，每天把她从幼儿园接回来，就直接把她关在家里不让珠珠出去玩了。

★★ 亲和力对“社交”的作用

其实我们不难想象，珠珠这样被禁足以后，将来肯定会影响到她社交能力的发展。

一个人与周围的人关系是否融洽，周围的人是否都愿意接近他，这就要看这个人是否具备亲和力。亲和力是比喻使人亲近、愿意接触的力量。有句话说：“力在则聚，力亡则散！”有亲和力的双方就是有共同力量表示的双方，这种友好表示，使得双方合作在一起，有一种合作的意识和趋向意识及共同作用的力量。

只有不断进行人际交流的实践才能加强人的亲和力。在不断的人际交流的实践中，别人作为一面镜子，可以折射出自己的某一面，从别人的身上，可以看到自己心灵中自己看不到的侧面。有一些人在童年时代就很少有和人交往的机会，虽然他们在童年时代曾经是一个快乐活泼的幼儿，可是由于封闭的家庭环境，他们和人交往的潜能被压抑了，这些人成年以后渐渐的会成为一个木讷寡言、容易害羞的人。

具备亲和力的人才能在日常社交中受他人欢迎，同样，一个孩子是否受到他人的喜爱也能表现出这个孩子是否具备亲和力。想要孩子成为一个具有亲和力的人，必须让孩子学会尊重别人、乐于助人、心存感激。有礼貌并且友善的孩子，应该很难会让人不喜欢的，不是吗？

★★亲子互动建议

○别盲目阻止孩子与人交流。你是否也是一个阻止孩子在自己与人交谈时插嘴的家长呢？甚至也不允许孩子随便和自己的朋友说话？如果正好是的话，那么你应该改改这个习惯了。其实，越是不让孩子和人交谈，孩子日后就越不知道什么应该说，什么不应该说。孩子的健谈不代表会乱说话，身为家长的你应该做的不是阻止孩子与人交谈，而是自己首先应该多和孩子聊天。只有在和孩子的交谈中，你才能真正了解到孩子的交谈水平。

○加入孩子的“社交圈”。身为家长的你应该和孩子的小伙伴也达成友好关系，你可以以知心大朋友的身份加入到他们捍卫的严严实实的小圈子里。这样你不仅可以了解到孩子都在和什么样的人交朋友，在孩子的小伙伴那里你更会时常了解到一些孩子不会对你说的心事或小秘密，这会让你对孩子的了解更深一层。

★★ 亲子互动测试第9环

测试：你的亲和力指数

下面有两张几乎一模一样的图，但如果认真寻找，就会发现其中的不同之处，现在和孩子一起来快速地找到两幅图中的不同之处吧，一共有4处噢！

图2-14

测试结果分析：

先找到眉毛的人：你的亲和力培养指数为★★★★★，拥有擅长观察对方表情的能力。如果能够改变胆怯和羞涩的性格，你对情绪敏锐的洞察力会让你拥有相当好的人缘。作为父母应该注意要防止孩子过度敏感，平时最好不要在家中发生争吵，避免让孩子受到父母情绪的影响，让这样优秀的能力反而成为了负担。

先找到牙齿的人：你的亲和力培养指数为★★★★，天生的全面观察能力让你对数字非常敏锐，总是能够发现到突然缺失的环节。在朋友圈中你往往扮演着控制者的角色，能够很好地将气氛维持在一定的热度，但是有时候过于掌控的状态会让你难以和朋友交心。作为父母应该注意随时和你的孩子交流，保持好孩子的童心，避免孩子习惯了略有些疏离的状态。

先找到舌头的人：你的亲和力培养指数为★★★，对色彩敏锐的你拥有和别人有些微不同的天分，如果不是富有独特的魅力，就是可能遭到朋友的嫉恨，总之是交际圈中比较特殊的存在。作为父母应该试着培养起孩子的魅力和信心，学会高调做事、低调做人，尽量用魅力去征服朋友们，但不要因为才华而遭到排挤。

先找到脚掌的人：你的亲和力培养指数为★★★，也许你自己也已经发现了，你观察事物的角度非常独特，你倾向于细节和容易被忽视的角落，这间接说明了你多少在生活中扮演着比较压抑的角色。作为父母应该更关注自己的孩子，注意他的人际交往圈，帮助他从低潮中尽可能地走出来，别让孩子因为你的疏忽而受到伤害。

—第四节　你的孩子在哪方面是天才—

要培养一个孩子在各方面都达到天才的标准，这几乎是妄想。可如果要培养孩子成为某一方面的天才，这却没有什么不可能的。当然，前提必须是这个“某方面”你没有选择错误而导致盲目的培养。

是的，很可能你的孩子会成为一个天才，前提是你首先要了解自己的孩子在哪方面具有天才的潜质。其实，不管你的孩子年龄有多小，如果他在某方面确实具有天分的话，那么天才的特质都会在他身上显现出来。创造力是与生俱来的，每个人都有，只是表现的方式不同。也可以说每个人都有成为天才的天分，最终天分能否发展壮大成就天才就在于当天分初露端倪之时是否得到他人的赏识。因此，作为家长首先要认识到的就是自己的任务是发现和保护孩子的天分，而不是强迫学习和盲目培养，过多的教化只会使孩子产生逆反心理，而且天分本就是与生俱来的，不是后天培养习得的，所以后天的培养只能在了解孩子的天分后科学合理的安排，才能达到显著的效果。

古语有云："千里马常有，而伯乐不常有。"孩子身上所具备的任何方面的天才特质，都需要你细心的观察才能被发现并且得到培养。你能确定自己是孩子的"伯乐"吗?

★★ 真实案例——小小拆卸家

5岁的文文是个闲不住的小小"拆卸家"。家里的玩具，只要是能拆开的，他都会想办法把它拆开来研究一番。

对于文文的这一特殊爱好，妈妈一直以来都很反对。可是每当妈妈要制止文文的时候，爸爸总会帮儿子"挡驾"。

爸爸觉得，孩子喜欢拆卸，虽然看起来是在毁坏玩具，可事实上他能从拆卸的过程中提高动手能力，也能学到不少知识。比如在爸爸的指点下，文文就知道了齿轮之间是怎样咬合的，是如何传动力量的。当他把这个问题搞明白的时候，甚至为此兴奋了一整天。

再后来，爸爸告诉文文，不能只是会拆卸玩具，拆掉的玩具如果能自己组装起来，那才是真正地了不起。于是在爸爸的激励下，文文开始尝试着把之前拆掉的玩具组装起来。可拆玩具容易，装玩具就难了，尤其是一些电子玩具，里面的电线一不小心就会在组装过程中弄断，即便装好也没法再玩了。

一开始，文文很沮丧。可是每当这个时候，爸爸就会出面帮助他。在爸爸的指点下，文文甚至学会了如何用烙铁焊锡把断掉的电线重新焊接起来。

显然，文文爸爸的做法就是在帮助孩子挖掘自己的天赋。不难想象，再过几年以后，文文一定能够成为一个动手能力超强的天才儿童。

★★ 发现孩子的天分

一个孩子要想在某个领域成为天才，首先必须要具有这方面的天分。天分是指一个人在某些方面有与生俱来的专长或特色。目前社会，经济繁荣，生活越来越好，年轻的父母们除了重视孩子的教育以外，把孩子培养成多才多艺的人，也是每个父母内心期望的。

即使只是才艺培养，孩子未来也有可能会在这项才艺的方面走向职业化道路，所以究竟该选择什么才艺对孩子进行培养，也是年轻的父母们面临的一个大难题。要想不走弯路，家长们必须学会如何分析和判断孩子是否具备天分和具备哪种天分，只有这样才能为孩子指明一条正确的方向，达到事半功倍的效果。

★★ 亲子互动建议

〇学会发现天分的方法。要学会发现孩子的天分，这不但要求父母具备判断力和分析能力，还要要掌握特定的方法，通过对孩子的测试和自己对孩子的观察，用科学联系实践的方式发现孩子的天分。只有这样才能算是真正地发现孩子的天分，并且也只有这样为孩子选择的学习项目才是可靠的。

○如何对孩子因材施教。究竟让孩子学习音乐方面的才艺还是学习书法或者绘画呢？这就得看孩子的天分是在嗓子，还是在手上了。就算是已经为孩子选择了适合的学习方向，也只能算是成功了一半，要让孩子真正地成为这方面的天才，还得在孩子学习的过程中下工夫，从培训学校的选择，到为孩子找一个值得信赖的老师，还要能够发现孩子在学习过程中的主要问题，并能找到有效的解决办法，为孩子量身定制发展方案。

★ ★ 亲子互动测试第10环

测试：天分分析测试

和孩子一起来完成下面的几组游戏吧，看看你和你的孩子最擅长哪方面的能力。

第1题：下面的图形由35根小火柴棍组成，现在来看看你能不能通过移动其中的几根，让画面中出现3个正方形，现在世界上移动火柴最少的人只动了其中4根噢。

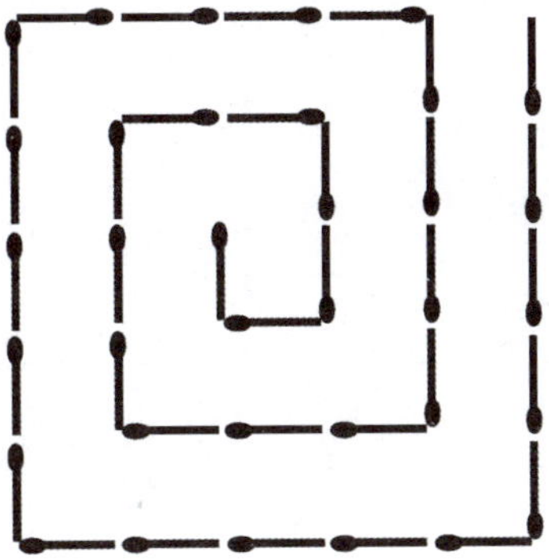

图2–15

第2题：在数学界有一种很著名的“数独”游戏，这种游戏风靡欧美和日本，但是在中国除了个别爱好者以外，并没有进入到普通人的生活中。这种游戏可以培养人的耐心、专心和推理能力，经常做数独题能够提高孩子的大脑运作效率，是培养逻辑推理能力的最佳游戏之一。

下面这道题要求在这个9×9的方格中，在空格处分别填入1～9的阿拉伯数字，并且要求符合下面这些条件：

1.位置不限，但是每一行都要用到1～9这9个阿拉伯数字。

2.同样位置不限，但是每一列都要用到1～9这9个阿拉伯数字。

3.还是位置不限，每个3×3的小格子里面都要用到1～9这9个阿拉伯数字。

8	9			5			3	
5					2			
	7		3		1			
1					6	8		
	5			4				1
3								7
				2				3
		5			8	1		9
			1	6		2		

图2-16

第3题：图形逻辑关系题，找出下面4幅图之间的逻辑关系，并根据前面4幅图的规律找出相应的第5幅图。

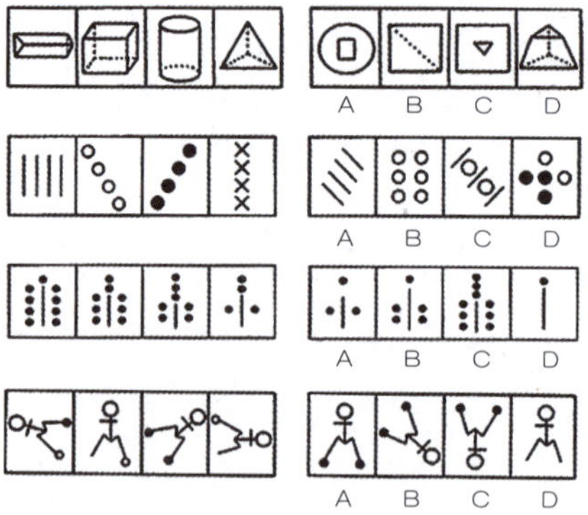

图2-17

答案参考

第1题：

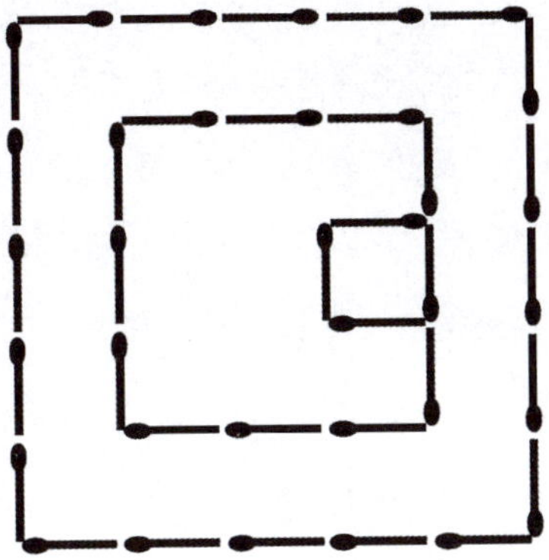

图2-18

第2题：

8	9	1	6	5	4	7	3	2
5	6	3	7	8	2	9	1	4
4	7	2	3	9	1	5	8	6
1	2	7	9	3	6	8	4	5
9	5	6	8	4	7	3	2	1
3	8	4	2	1	5	6	9	7
6	1	8	5	2	9	4	7	3
2	3	5	4	7	8	1	6	9
7	4	9	1	6	3	2	5	8

图2-19

第3题：

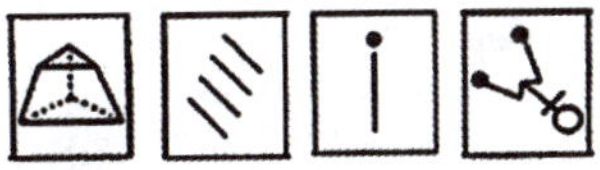

D　A　D　B

图2-20

测试解析

第1题主要是针对人脑的右脑展开测试，能够在3分钟之类解开的人拥有非常强的空间构图能力，能够运用特殊的咨询处理方式处理咨询，五感比一般人更加发达，往往会发挥出意想不到的艺术天分。这种孩子想象力很发达，很擅长找出笼统事件中的关键点加以综合，进而形成独特的思维方式，这也是很多天才所谓“灵感”的来源。作为父母可以适当的教授孩子一些“速记”的方法，让孩子强化右脑的优势记忆功能，进一步开发自己的右脑，而不至于浪费了与生俱来的天分。

第2题主要是针对人的左脑展开测试，能够最终解答开这道题的人，首先拥有比较好的心理素质，能够应对复杂甚至挫败的局面，并最终找出事件发生的规律取得最终的胜利。通常这种人的左脑都会比较发达，性格偏重于冷静淡定、擅长于逻辑分析、有很强的指向性，如果从事与技术（包括政治、军事等需要能力的部分）直接相关的行业会做得非常优秀。作为父母应该给左脑发达的孩子一些逻辑锻炼的机会，在选择课外书的时候，刑侦悬疑类的小说是一个好选择，在读书上要注意循序渐进，按照一定的规律持续学习一定能取得很好的成效。

第3题主要是针对人的协调能力展开测试，能在2分钟之类全部找出正确答案的人，性格比较平易近人，虽然看上去没有什么特别醒目的才华，但是却各方面都发展得好，很容易成为一个全能型的人才。对于这种人来说缺乏天分虽然让他失去了当天才的机会，但是各方面平衡的能力又为他打开了新的大门，几乎没有让他陷入到绝境的时候，是独立能力非常强的人。作为父母只需要给予他足够的鼓励，尽量不要过多干涉他的成长就可以了。

—第五节　三岁看大—

“三岁看到老”这句话在中国常听到用来评价某个人的品行。这句话的意思其实就是说孩子在这个年龄开始所显现出的一些言行习惯很多都将伴随一生。

这句话并不是没有道理的，因为孩子从牙牙学语的时候就开始学习，并且学习到的事情在日后还很难改变。孩子3岁之前一直处于牙牙学语的阶段，而这个阶段孩子所形成的说话方式和行为习惯都与父母有着极大的关联，因为这个阶段的孩子的言行举止都是通过模仿的方式来学习的，而父母是孩子模仿时的最直接参照物。这也就是说，父母的行为对孩子的一生有着决定性的影响。

其实不单单是3岁之前的阶段对孩子的影响重大，遗传基因也是影响孩子成长的另一个重要因素。换句话说，当一个孩子还是一颗受精卵的时候就已经有一部分定性了。父母会遗传给孩子什么，其自身也就必定具备同样的言行习惯，在日常生活中所表现出的也就是这样的行为和说话方式。换句话说，父母的言行对孩子的先天和后天都产生重大影响。

★★ 真实案例——孩子应该怎么教育?

在阿贵来到这个世界上之前，他的父母就为谁来带孩子的事情进行了一番争执。

阿贵的爸爸觉得，可以让自己父母来带。可是阿贵的妈妈对此却并不赞同。因为阿贵的爷爷奶奶是农村的。当然，她不是对农村人有什么偏见，她只是觉得父母的教育理念很老旧，已经无法适应自己对于孩子的期望了。阿贵的妈妈有这样的观点，是因为那年跟丈夫回老家的时候见到了这样的几件事：

阿贵爸爸的侄女就是由阿贵爷爷奶奶带大的。因为小孩在农村多是粗放式的管带，所以小丫头天天在外面跑得脏兮兮的。这也罢了，毕竟好玩是孩子的天性。可是那天回来的时候，她不慎在门口摔倒了，这时候阿贵奶奶赶忙跑过去，一边扶起孙女，一边对门槛说："坏蛋，把我孙女绊倒了。"

那天中午吃饭的时候，因为阿贵爸妈两口子回去，所以家里做了很多好吃的。其中有一盘皮蛋，还没等别人动筷子，小丫头就在众目睽睽下伸出手把皮蛋心抠出来自己吃了。奶奶有些不好意思，笑着告诉阿贵爸爸妈妈，说孩子在家习惯了，有什么好吃的就先给她。

这两件事当时就让阿贵妈妈觉得很不舒服，她觉得孩子摔倒了，大人应该引导她自己站起来。而不是把她扶起来，更不是把摔倒的过错推卸到门槛或者石头身上。小时候这样，长大了她会不会也把自己的错误推卸到别人身上呢？吃饭的事情也是，如果让孩子养成这种观点——我最先，我应该先把最好吃的东西吃掉，别人都应该吃我剩下的，那么等她长大后，会不会也有这种"天下唯我独尊"的观点？

阿贵爸爸觉得老婆有些小题大做，可是阿贵妈妈却认为，一个人的秉性如何是在孩子时代就定性的。如果小孩子没有教育好，很难指望他长大能成为一个人品出众、有出色的成就的人。

所以阿贵出生后，阿贵妈妈就坚持辞掉了工作，自己在家带孩子。如今阿贵已经3岁了，跟他那个6岁多的表姐比起来，处处都优秀了很多。

★★ 性格决定命运

一个孩子受不受欢迎和喜爱与这个孩子的性格有着很大的关系，而孩子成长的道路上能否走向成功，这和性格的联系也是密不可分的。

俗话说性格决定命运，性格主宰人生。这话一点都不假，人的性格决定着他在面对一件事情的时候会做出何种选择。比如性格孤僻高傲的人，在面对困难的时候可能会做出过激反应，而这一反应可能直接导致更严重的后果。而对自我认知较为准确、性格大度的人，则可能会选择更聪明、更不容易激化矛盾的做法，进而使大事化小、小事化了。所以我们说，性格决定命运。

而0～3岁这一阶段恰恰是人生形成最初、最基本性格的阶段。而在这个时间阶段中，跟孩子接触最紧密的就是父母，所以说父母是孩子的第一任老师，父母是个怎样的人，那么他们的孩子成为这种人的概率就会很大。

如果你是个儒雅博学的父亲，你爱人是个知书达理温柔聪慧的母亲，那么孩子当然会变得很优秀。因为他在跟你们接触生活的过程中，自然而然会感染到你们的气质和处事态度。

相反，倘若你们夫妻俩的性格很暴躁，而且不善于控制自己的情绪，可以想象孩子如何能做到不爱发脾气呢？

当然，不是要你们从现在尝试改变自己的性格。因为改变性格可以说是在正常情况下完全不可能做到的事情。但是父母可以尝试着控制自己的情绪和行为。比如，尽量在孩子面前不发脾气，在他面前不撒谎，同时在面对某些突发情况比如摔倒、和小朋友闹别扭的时候，告诉他们怎样才是正确的认知态度。

这样应该比改变性格更容易吧？

★★ 亲子互动建议

〇父母不能仅仅要求孩子改正。父母如果只一味地要求孩子改正不良习惯或只是不停地对孩子说不准这样、不准那样，这都只能是徒劳。作为父母在看到孩子言行习惯不好时，首先应该先检讨自身是否也存在同样的不足，而不应该仅仅看到孩子的问题。父母是孩子的榜样，如果榜样自身都存在不足，那孩子如何做到一边模仿，一边又去改正呢？

○你也要不断提升自己的素养。身为父母的你，也应该注重提升自身的综合素质和文化修养。父母对自身的提升和对孩子的培养同样重要，不是都说“物以类聚”吗？孩子在3岁之前基本上都只和父母在一起，和父母“聚”得最多，这也说明父母的“类”决定孩子的“类”。如果你希望自己的孩子有所成就，那就必须让自身先“优”起来。

★★ 亲子互动测试第11环

测试：从颜色喜好判断孩子的性格优势

前面已经做了太多复杂的测试，现在一起来做个简单的填色游戏。

对于父母们来说这似乎是小孩子才会玩的游戏，就算是十几岁的孩子们也开始不屑玩这种幼儿游戏。其实填色游戏是一种泛年龄的小游戏，孩子可以玩，成年人也可以玩，通过你选择的颜色和涂抹的水平，填色游戏也在真实地反映你的内心。古人说字乃人之衣冠，画画同样如此，一起来画一幅最能反映你内心的画吧，灌注你自己的心情到这幅画中，看看你们心中的颜色是如何分布的。

图2–21

测试结果分析

1.粉红色的Hello Kitty、红色的玫瑰、白色的鸽子和金色的星光。

这是最忠实于画面本身配色的组合，选择这种配色模式的人，对生活有很强的认可心理，容易接受社会的一般原则，轻易不会做出有违法律或者一般道德的事情。一个孩子如果拥有这种谨慎细致的性格，往往能够比较顺利地度过一生，不会让父母太操心，作为父母而言只需要不断帮助他找到正确的道路。根据天分的不同，也许他的成绩不会太突出，但是绝不会做出胡来的事情，最后一定会成为父母的骄傲。

2.暗色系的Hello Kitty、冷色系的玫瑰等。

完全相反的色系选择，这样的搭配首先反映了一种特立独行的意识，故意完全反转化的色调搭配，这样选择的人有相当强的自信，但是却往往抱有比较消极的态度。一个孩子如果在平静的心态下画出了这样的图画，说明他内心积累着比较大的压力，而且性格很敏感，思想很独特。需要父母能够投以更多的关心。在初期可能父母的影响不大，这种类型的孩子需要更长时间的耐心关怀，敏感的个性和自信的性格会让他容易展露天分，但是如果得不到认同和鼓励，这种天分就可能扭曲。

3.完全自由的配色，没有规律可循。

这种孩子一般在艺术方面拥有不为人知的天分，他很信任自己的配色能力，相信通过自己的画笔一定能配出很优秀的配色图，作为父母而言应该多给这种孩子一些优雅艺术的指导，让孩子在保持旺盛的想象力和创造力的同时，也认识到唯美艺术的魅力，这样会让孩子更有希望取得优秀的成就。

—第六节　理论和想象—

理性和感性是两种不同的价值取向，也是人思考问题时的两种截然不同的方式。理性的人通常都是以科学和理论来看待问题，对未来也有着明确的目标和理想；而感性的人则完全相反，作什么决定都是有感而发，而并非从客观的角度去思考，对未来也是充满了大胆的想象。

有人可能会觉得，理想似乎比想象来得实际得多。但这个世界上的很多东西都是通过大胆的想象，才最终成为现实的。从某种程度上看，理想和想象同样重要。

孩子的世界里通常都是充满了幻想的，但这也并不说明孩子就是没有理想的，其实理想和想象并不冲突，二者只是思考问题的倾向不一样，并不是说一个人只能完全倾向于其中的某一种，你的孩子是属于“现实派”还是属于“浪漫派”是要看孩子倾向于哪种思考模式比较多。

通常“现实派”都会从事比较严谨的工作，而“浪漫派”从事文学和艺术的则比较多。所以说，孩子的思考模式通常影响其日后所从事的行业。

★★ 真实案例——被扼杀的想象力

“妈妈，我能不能飞？”

“可以，坐飞机就能飞了。”

“那，妈妈，我能长翅膀吗？”

“人是不可能长翅膀的！”

“那为什么鸟儿就可以长翅膀？”

“你烦不烦啊？问那么多为什么……”

这样的对话，在4岁多的舟舟家经常出现。舟舟是个小机灵鬼，脑子里充满着在大人看来莫名其妙的想法和问题。他喜欢问问题，可是妈妈太忙，总是回答不了几句就火冒三丈。

刚开始舟舟觉得，是不是妈妈不喜欢自己问问题，所以才会生气发怒。久而久之，舟舟的问题越来越少，在他脑海里存在的那些奇思妙想，也逐渐被书本中的标准答案代替……

★★ 与其教孩子学会思考，不如自己先学会反思

2009年，教育进展国际评估组织在全球21个国家中进行了一次评估。评估内容为该国青少年的计算能力、想象力和创造力。

就计算能力来说，中国少年名列世界第一。

可是说到创造力，中果孩子在21个国家中倒数第五；想象力更是沦落到了倒数第一。

传统教育的负面影响已经暴露无遗——原本应该充满想象力的孩子，正在被我们亲手打造成为毫无创意的计算工具。

“为什么中国多山寨？因为中国人不会思考，他们只会剽窃别人的创意！”这是一家国外手机高管在企业年会上对中国人的评价。

对于这种极具贬低性的评价，我们无言以对。因为我们必须反思，为什么孩子的创造力会被扼杀殆尽。

那是因为我们作为父母，本身就很难站在孩子的角度去思考。再加上十恶不赦的应试教育和陈旧迂腐的教育理念，中国的孩子还怎么去创造？

也许，现在的家长需要考虑的不是怎样教会孩子思考，因为孩子本身就会思考，是我们在一次次呵斥中，让他变得不会思考了。

我们要做的事情，其实应该是减少一些呵斥和嘲笑，多一点耐心和尊重。或许孩子提出的问题在你看来很幼稚，但你敢说世界上第一台电脑不幼

稚？世界上第一辆汽车不幼稚？世界上第一架飞机不幼稚？说不定在你眼中孩子的幼稚想法，将来会变成启发他灵感的金钥匙呢？

所以，与其教孩子如何思考，家长不如首先自我反思，自己是不是有限制孩子创造力的行为。

★★ 亲子互动建议

○帮助孩子养成好良好的思考习惯。家长应该让孩子知道自己的想法是被父母所尊重的。要注意和孩子交流，注意倾听孩子的意见和想法。孩子稍大，对事物有自己的想法后，在作与孩子有关的决定时应该主动征询孩子的意见。让孩子知道自己的意见受重视，就会凡事乐于思考，乐于表达自己的意见。时间长了，孩子就养成爱动脑的好习惯。

○培养孩子的逻辑思维和综合概括能力。家长在日常生活中应该时刻重视培养孩子的逻辑思维和综合概括能力，比如在看到什么事物，或者发生什么事情的时候，都应该不失时机地问孩子是否知道原因，如果孩子不知道，那就趁着孩子的兴趣正高的时候告诉其原理，这样也会让孩子的记忆力比较深刻。对于孩子知道的事情，就应该要求孩子把自己的语言组织起来、叙述出来，这样不但锻炼了孩子的思维，还锻炼孩子的概括能力。

★★ 亲子互动测试第12环

测试：值得重视的想象力

现在和你的孩子一起，分别用下面两组名词当中的东西来编个故事。要求是能够把关键词全部加入到故事中，而且故事情节要合理而富有想象力，不用刻意在意游戏的时间，把这个当成睡前的思考，一个甜甜的美梦之后，你也许就能创造出一个特别美丽的世界。

孩子的测试题

关键词：鸭子、猴子、小兔子、大象、小河、屋子

在右侧写上你设计的故事，注意充分发挥你的想象力

家长的测试题

关键词：老头、鸽子、胡桃、水壶、酒、酱油、凳子、手套

在右侧写上你设计的故事，注意充分发挥你的想象力

孩子版

15分钟以上：孩子的思考速度好像不够快哦！平时要多看故事和听故事哦，丰富多彩的故事情节会让孩子的大脑也丰富起来。

8～15分钟：孩子的创作能力不错，平时应该是经常看或者听故事的，能在短时间里编出一个故事说明思考能力很不错。

8分钟以内：孩子真是个讲故事的高手，这么短的时间就想出一个故事确实很了不起，继续丰富孩子的知识，成才之路就在孩子的脚下。

家长版

10分钟以上：看来你平时给孩子讲故事的次数不够哦，尽量多给孩子读点故事书，当然你也可以自己编故事讲给孩子听，发散的思维需要你和孩子一起创造。

10分钟以内：你真是个讲故事和编故事的高手，平时肯定经常陪孩子看故事、说故事，能经常这样和孩子互动是很好的，不过也可以尝试让孩子说故事给你听，这样互动的效果会更加明显。

3

CHAPTER

第三章 强大的精神力量

—第一节　不懂得失败—

世人常说“失败乃成功之母”。这句话也告诉我们想要成功就必须要有面对失败的心理准备，任何人都不可能做所有的事情都一次性成功，我们现在所知道的很多重大成就和作品，大都是由无数失败的经验累积起来而最终取得成功的。可人们大多数时候只看到了成功，却忽视了之前努力的过程。

如今的社会竞争日趋激烈，在这样的趋势下不仅大人的压力大，就连孩子的竞争压力也不小。现在的孩子不仅学习上的压力只增不减，家长为了让孩子日后跟得上社会发展的节奏都争着把孩子培养成多元化的人才，学习文化之外还要培养孩子学习其他特长。孩子学习的过程能容易遇到困难，学习的项目越多，面对失败的机会自然也就越多。

一些孩子在紧张的学习氛围和病态的思想熏陶下，变得争强好胜，凡事都要争个第一。可现在的家庭又普遍都是独生子女，父母对孩子的照顾无所不至，孩子习惯了凡是都听父母的安排和照顾。所以一些好强的孩子在遇到失败之后根本不知道应该怎么调节自己的心态。

孩子不懂得怎么面对失败，也接受不了失败，这种现状非常不好。让孩子具备从哪里跌倒就从哪里爬起来的精神，应该作为父母培养孩子多元化发展的关键点。

★★ 真实案例——炎炎的考前焦虑症

今年上初二的炎炎平时学习不错，每天的功课都能完成得很好，上课时老师提出的问题也回答得不错。按理说，炎炎的成绩应该很棒，可事实恰恰相反，每次考试，炎炎都在班上垫底。

如果说成绩不好是因为考试题目都不会做倒也罢了，问题是考试的题目炎炎明明都会，平时做这些题目的时候都是信手拈来，可就是一上考场就“晕菜”，一个个都不知道怎么去解答了。

因为这件事，炎炎的父母很苦恼，也跟她的班主任多次交换了意见。可无论他们怎么努力，都没找到很好的解决办法。无奈之下，炎炎的妈妈只好带她去看了儿童心理专家，想看看能否从心理上找到突破口。

心理专家分析了炎炎的情况，又问了炎炎妈妈几个问题以后，就基本上找到了问题的根源。

原来，炎炎的父母从小就对女儿寄予厚望，从她上学的那天起，他们就经常给女儿灌输你一定要做到最优秀，考试不可以失败的思想。

炎炎的父母本意是想激励孩子好好学习，可没想到这种期望给女儿带来了巨大的压力。以至于每次面临考试，她都会特别紧张焦虑，越是不想失败，就反而越不知道该如何是好，这才导致了问题的恶化。

学会面对失败

没有人喜欢失败，更没有人希望自己的孩子会面临失败。

可问题是，没有人可以永远享受一帆风顺的待遇。人生难免会遇到一些挫折，不管你愿不愿意，从某种角度来看，这就是失败。比如一次考试的失利、一次恋爱的挫折、一次面试的滑铁卢、一次项目的不完满……

你不可能成为孩子永久的避风港，更不可能让他们这辈子都不会遭遇不顺心的事情，与其告诫他们“不可以失败”，不如让孩子懂得“失败的时候，我应该怎么样去做”。

跟炎炎不一样的是，萱萱的妈妈就很开明，她也会要求孩子好好学习，但是万一萱萱某一次考试成绩不理想，萱萱妈妈不会给她施加任何压力，反而会先带她看一场电影，或者去游乐园玩上一天，然后在晚上特别抽出一个时间，把试卷拿来跟萱萱一起探讨，看看为什么题目会做错，如果让她再做一遍，成绩会不会更好。

不难想象，萱萱以后一定是一个善于面对失败的人。因为她从妈妈那里学到了两件事——一是如何迅速调整自己的情绪，二是如何总结失败，面对下一次挑战。

★★ 亲子互动建议

○让孩子拥有积极的人生态度。积极的人生态度就是一种勇于跳进自己基本上能够把握的这个世界的态度。俗话说“愁也一天，喜也一天”，反正日子都是要继续的，为什么不选择开心地过呢？使孩子时刻保持乐观向上的精神，可以让其拥有积极的人生态度。要让孩子有理想、有目标，这样才有奋斗方向，才会有面对失败的勇气。

○让孩子学会信任。一个孩子是从信任开始学会积极，每个人生来都会有缺乏安全感的现象，而一个懂得信任的孩子，他会比别人更有底气，因为他始终都一个信任的投影对象，从而让他更有勇气去面对未知的情况。所以父母应该注意建立和孩子之间的信任关系，从父母那里学到的信任是最值得珍惜的，一个信任家人的人才有能力去成立家庭，进而拥有幸福的人生。

★★ 亲子互动测试第13环

测试：谁拥有积极的人生态度

在很多国家都流行让孩子在假期的时候做一些观察日记，这种做法能够让孩子和大自然产生更多的接触，进而对于生命和成长产生全新的认识，有利于儿童的身心成长。

这个小节就让家长和孩子一起，来做这个重要的观察日记。首先家长可以和孩子一起选择一种植物，并且挑选一个适合的花盆（最好选择体积比较小的植物和花盆，这样孩子操作起来更加方便和安全，但如果孩子倾向于种植比较大型的植物，家长也不应该过度阻止孩子的热情，而是尽量为孩子创造合理的条件）。

选好植物以后，家长可以和孩子一起动手，亲自把植物的种子种上，然后培土、浇花、施肥。一直到植物长出果实的整个过程都由家长陪同孩子亲手完成，然后家长和孩子一起，在植物的每个生长阶段都记录植物当时的变化及当时自己的心情，还可以和自己的小植物拍照留念噢。

观察日记记录表格

植物的名字	去网上下载一张植物长成后的照片贴在右边	照片
植物的颜色		
植物的气味		
植物的果实		
植物的寿命		

	状态	颜色	味道	心情
第1天				
第2天				
第7天				
第10天				
第15天				
第20天				
第25天				

第30天
第35天
第40天
第45天
第50天
第55天
第60天
第65天
第70天
第　　天
第　　天

—第二节　获得成功的基本因素—

这一节看起来跟“天才儿童”似乎有些不沾。

可我要说的是，“天才”概念的衡量标准是什么？不是孩子的智商有多高，而是他能否成为一个从知识到人品都过硬，能够在离开父母的“羽翼”后，独立生活，创造成功的人。

对于家长来说，孩子的成功才是真正的成功，只有把孩子培养成才，才是自己最大的成功。家长的成就感都是通过孩子的成功产生的。所以要让孩子知道什么是成功，学会怎样成功，这首先要家长自身先了解，这样科学的培养方式，才能让孩子真正获得成功。而这样的孩子，才是真正的天才！

★★ 孩子了解成功的因素

勇气

有勇气的人往往敢于尝试和接受新的挑战，勇气能使人敢于承担和面对。对于孩子来说，勇气更重要。孩子在成长阶段，什么都需要一步步的学习，随时都面临着接受新事物的考验，如果这时候没有勇气，那么这个孩子每走一步都是非常困难的。

一个孩子如果没有勇气，那么对于父母来说是一件非常头疼的事情，因为在教育孩子的过程中，一旦孩子出现了胆怯和不敢面对的时候，学习的效率就会被“拖后腿”，也就造成了孩子每到学习和尝试一种新事物的时候都会在起点上就落后于人，试想，没有一个好的开始，又何来成功呢。

如果你希望培养孩子的勇气，其实有一个很简单的办法——凡事让孩子自己去尝试。比如他刚学会走路的时候，家长们是不是可以松开手，让孩子自己去迈步子？放心！他们有自我保护意识的，如果觉得下一步走不稳，他们会自己蹲下。如果你还不放心，可以在一边随时保护着，但是一定不要越俎代庖，始终搀扶着孩子，这不仅剥夺了他们尝试的权利，更剥夺了他们勇敢面对挑战的机会。

承受能力

有句话是这么说的“困难像弹簧，你强它就弱，你弱它就强”。的确，当面对困难、打击和失败的时候，抗打击能力强的人往往都能越挫越勇，在逆境中成长，最后得以成功。相反，如果面对打击就退缩和却步，那么就会一蹶不振，很难再站起来。

一个孩子在成长过程中，要有足够的面对打击的心理准备，要想真正成长就必须具备抗打击能力，也就是承受力。孩子承受力的强弱，决定着这个孩子能否面对成长中的各种外部打击和内部压力，同时也决定着这个孩子能否承受住这一切。

生活中有太多的事需要人去承受，孩子同样也有各种各样需要面对的问题。比如，学习中竞争造成的压力、家庭环境和条件不如别的孩子、老师对自己的喜爱不是最多的……这些种种都会对孩子形成一种无形的压力，一旦不如别人时就会感觉到打击。是的，孩子的世界里也存在攀比心理，甚至相较于大人来说是有过之而无不及。

培养孩子的承受能力，这是一个长期的过程。我的建议是：刻意给孩子制造一些困难和挫折。比如他想出去玩，你别急着满足他的要求，而是先给他规定一个缓冲时间——例如等妈妈完成手上的工作，或者等我们吃完饭再出去。这种缓冲，既让孩子看到希望，又要求他具有一定的耐受性，这样对于培养孩子的承受能力很有帮助。

自立精神

每只小鸟在羽翼丰满了之后都必须面临着单飞，单飞后的小鸟必须学会独立生存。同样，每个孩子成年之后也都会面临着独立，要能够独立生活就必须具备自立能力。自立，这是现在很多孩子，甚至是很多年轻的父母都不太能发挥自如的一种能力。年轻的父母们本就是在父母的呵护和无微不至的照顾下成长起来的，甚至很多在结婚之后仍然需要父母代为打理生活。

试想，本就需要人照顾的父母又将如何对待自己的孩子呢？很多年轻的父母把孩子交给自己的父母代管，面对着独苗们生出的第三代，老人们对孩子的照顾有多么细致入微我们应该想象得到，吃饭穿衣都要亲手照顾孩子，仿佛一丝懈怠都不能允许出现，孩子真正的生长在衣来伸手、饭来张口的环境中，自己什么都不需要动手，动手能力也根本没有机会提升和得到锻炼。

而年轻的父母们更是对孩子在老人们的照顾下所产生的问题丝毫没有觉察，或者说仅仅是视而不见。任由孩子在老人们这样的抚养方式下成长起来。在这样的环境下，动手能力就是个大问题了，要让孩子具备自立能力和精神似乎就更是天方夜谭了。

正确态度

宣传标语里时常会看到这么一句话“态度要端正”。的确，正确的态度也是一个人成功的关键，就面对批评而言，现在的孩子大多都是无法虚心接受的，更别说什么积极改正了。

一个孩子必须具备接受批评和自我批评的能力，家长在这个问题上必须对孩子严格要求，要让孩子能够接受批评和正视批评，在面对他人提出的意见和建议的时候，一定要虚心的接受之后改正，态度是否端正首先就意味着是否能给人一种为人谦逊的印象。

★★ 亲子互动建议

○避免消极的人生态度。要想获得成功，就离不开积极乐观的人生态度，消极的情绪会让孩子产生不利的负面情绪，会让孩子的成功道路备受阻挠。积极乐观的孩子更容易成功，积极的情绪会让孩子在行为和思考能力上都有所提高，而消极情绪则会让孩子的思维和动作都相对迟缓和落后于人。情绪的好坏对于孩子的成长非常重要，所以家长避免孩子出现消极情绪是刻不容缓的。

○把成功当成一种游戏。其实成功是非常小的事情，你第一次学会走路、你拥有的第一张奖状、你凭自己的努力赚来的第一份工资，这些都是人生的成功。并不是所有人的成功都应该名利双收或者位极人臣，有时候成功就是一种过程，让你的孩子首先学会享受细小的成就，然后才能让孩子真正体会到成功的幸福滋味。

★ ★ 亲子互动测试第14环

测试：成功能力测试

一个人获得成功需要哪些条件？爱迪生说过，天才是99%的汗水加上1%的天分，但是如果没有天分，只有汗水也没有价值。其实爱迪生能够说出这样的话，或多或少有些自我吹捧的成分，爱迪生想夸耀的是自己有那独一无二的天分，以及他那具备超乎常人的努力。

天分的确是必需的，而努力也是让天分开花的必需肥料，这些都是没错的。但是爱迪生之所能获得成功，还需要再具备两个条件：运气和心机。

爱迪生发明了直流电，而特斯拉发明了交流电，这个远远比爱迪生更有天分和努力的科学家，却因为在心机和运气上略逊一筹，多次在和爱迪生的商业对决中败下阵来，虽然他的交流电最后成功地成为了主流的电力系统，但是历史上却没有多少人知道他的名字，甚至他也没能从自己的发明中获得多少利益。

有时候成功并不是简单的“1+1”，它需要很多复合的条件，包括前面提到的勇气、态度、自立等，成功就像是一个巨大的迷宫深处那个美味的巧克力，必须要拥有多种复合素质的人，才能穿越层层陷阱，到达迷宫深处，你是否也拥有同样的智慧呢。

下面是一个非常复杂的迷宫，来看看你有多少的耐心吧，如果在10分钟之内你走出了这个迷宫，至少在这一瞬间你已经拥有了所有成功所必需的因素。记住这瞬间的感受，这会为你的人生取得更好的成就铺平心灵的道路。

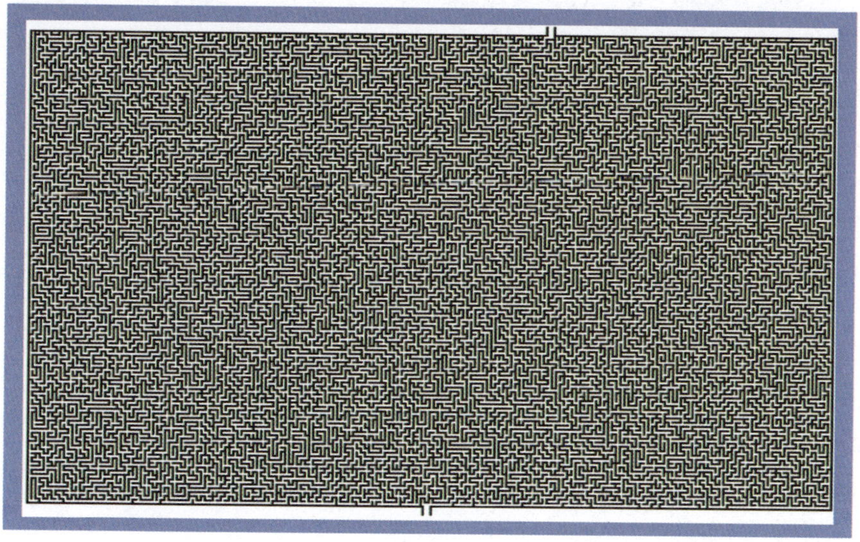

图3-1

第三节　失去的勇气

人生是战场，而自己正是这场硬仗中的主角！ 人生的旅途本来就是起伏不定的，而生命也是由欢笑和泪水编织而成的。向困难挑战，超越自己的人，就是懂得生命真谛的人。可这些都要求具备勇气，一个人一旦失去勇气，那是一件很可怕也很严重的事情。在孩子成长的道路上，勇气对于孩子和家长同样重要。

长期生活在保护伞下的孩子，习惯了保护伞的呵护与安排，明知伞外面的世界很精彩，自己也很想去看看，却极度害怕日晒雨淋，害怕承受失败，长期的依赖，丧失了他原本的胆识与勇气。

失去了勇气的孩子往往不敢接受新的挑战，这同时也就失去了很多机会；而失去勇气的家长会在孩子的教育问题上始终刻板守旧，不敢尝试新的方法。

★★ 真实案例——聪明能干的圆圆

圆圆才6岁，但是他已经显示出了超越同龄人的聪明能干——别的孩子还只会在父母和呵护下玩耍的时候，圆圆已经能帮着父母做饭了。虽然只是一些蒸米饭、煮面条一类的简单事情，但这足以让别的家长惊讶不已！

“你就不怕孩子烫着？”这是很多人在吃惊的同时，一定会问圆圆爸妈的一句话。

“其实没有什么的，只要你教会了孩子使用方法，这些电器和炉具，都是很安全的。况且，我们也没有放任孩子自己去做这件事，每次他在煮饭的时候，我们都会在旁边看着，保护着。”

很多人也许会觉得，这又是何苦呢？与其要保护孩子去做这件事，还不如自己去搞定更方便、省事。

可你不知道，恰恰是大人这种图方便、求省事的想法，剥夺了孩子尝试的权利，进而削弱了他们面对新鲜事物时去体验和感受的勇气。

圆圆是幸运的，因为他有能够给予自己勇气且呵护自己安全的父母。

★★ 让孩子学会突破自我

在一个电视选秀节目中看到这样一个人，他用自己的双脚弹钢琴。这是个没有双臂的年轻人，但他努力挑战和突破自我，使得他比很多健全的人都活的精彩。这个年轻人说了一句让人记忆深刻的话，“要么赶紧死，要么精彩的活着。”

这件事给人的触动很大，尤其是一些家长，也希望自己的孩子像这个年轻人一样去挑战和战胜自我。“天上下雨地上滑，自己跌倒自己爬。”当孩子遇到困难时，也无须别人“拉一把”才从泥淖中爬起来，重要的是要有挑战的心，自己救自己。要让孩子学会自己面对问题。跌倒了，自己爬起来，再迈开步伐向前奔跑。

让孩子学会自我突破，依靠孩子自己的能力和意识，在面对自己不擅长的事情或者是自己遇到挫折的时候，依靠自己的能力战胜自己、挑战自我。

★★ 亲子互动建议

○让孩子学会依靠自己。当孩子遇到困难的时候，家长不要急着替孩子补救和替孩子完成，要先试着让孩子尝试自己解决难题。学会向困难挑战的孩子才能不断创新和突破，如果凡是都依靠父母，那孩子将越来越缺少发散性思维，更加不会具备自强不息的精神。

○让孩子的思维开阔。要让孩子的思考能力和思维模式既有开拓创新的精神，不能一味的只知道让头脑接受外在的输人，而自己不懂得思考和多角度、多方位的思考。只有思维开阔的孩子，才会懂得如何创新，才会具创造力不断加强的大脑。

★ ★ 亲子互动测试第15环

测试：你创造突破的概率有多高

一个人到底能够做到什么程度，他是不是有机会在必要的时候冲破自己的束缚最终取得成功？有些人觉得突破是一种应急反应，认为人在逼到极限的时候就会出现突破。但对于有些人来说，就算没有任何外来的压力，就凭自己的努力同样可以经常达到突破的境界，而你和你的孩子是否也有这样的能力呢？

第1题

相传在几千年前，那时候大禹还在为了黄河而头疼，这时候有一只乌龟从洛水里爬了出来，带给了大禹一张刻满了奇怪符号的图形，这就是著名的河图洛书。

这个图形上面其实是9个数字，按照河图洛书上面的排列，这9个数字无论横着、竖着还是斜着，加起来都等于相同的和。现在就请你在下面的9个空格中填入1～9的阿拉伯数字，让河图洛书重现于世。

第2题

完成了第1题？不要着急，第1题本来就很简单，接下来试一试第2题。

跟第1题的规则相同，按照同样的规律，在下面9×9的方格中，填入1～81的阿拉伯数字，要求同样是无论横竖斜任何一个方位上，都能够相加得到同一个和。

测试分析

这道题的关键并不在于是否用很快的时间做出了两道题，而是在于做题时的选择，包括做题的顺序和做题的数目。

选择先做9×9的孩子：你有迎难而上的骄傲和自信，在遭遇到瓶颈的时候你不但不会泄气，甚至还会感到兴奋，如果说有人能够突破自己的极限，你一定有机会成为其中之一。需要注意的是，你可能有些过于自负了，有时候为了更好地达到目标，你也需要适当地放松自己。作为父母应该多给孩子相应能力的锻炼机会，在孩子的不同年龄阶段，选择略有难度的挑战，给孩子进行实践，让孩子能够在实际行动中得到最佳的锻炼效果。

毫不犹豫地坚持做完了两道题的孩子：你是一个非常沉稳而自信的人，你不畏惧困难，也不会主动去找麻烦，在需要你突破的时候，你会一步一个脚印去履行，但是当突破没有立竿见影的效果时，你可能就会有些疏懒。作为父母有时候要适当地鞭策一下自己的孩子，不要让他养成了“有一事做一事”的坏习惯，积极主动且有激情的状态更能让他突破自我，而沉稳的性格将让他的进步之路非常顺畅，甚至可能取得超乎想象的优秀成就。

经过一段时间推诿，还是完成了第2题的孩子：你并不是缺乏突破的能力，但是却缺乏挑战的动力，什么事情都喜欢拖到拖不过去了才完成，作业也是快开学的时候来赶工，这样下去你将发现自己总是在面临临时抱佛脚的状态，一直都很疲惫的奔波，却没有取得成就，也没有获得休息。作为父母要给孩子一些鞭策，让他习惯先做事后玩耍，只要养成好的习惯，获得突破也不是什么难事。

—第四节　语言表达与信心—

人和人之间的沟通和交流都需要表达，要表达自己的想法和情感，都必须具备表达能力。

孩子的想象力总是丰富的，可不管多好的想法也都必须通过行动和言语的表达才能展现出来，这就必须具备语言表达能力。语言表达能力是指用语言来表达自己的思想、情感，以此达到与人交流的一种能力，是表情达意的一种方式。孩子的语言表达能力程度与否，意味着这个孩子是否能让他人明白自己的想法。而成功进行口头表达的基础则是坚定的信心。

一个孩子的语言表达能力达到何种程度，这与这个孩子的自信程度是成正比的。自信的孩子往往比较开朗，并且很喜欢说话，也正是在这样的交流和说话过程中，自我表达能力也就得到显著地提高，可以轻松地表达自己的想法；相反，自卑的孩子多半也比较自闭，正因为自卑，所以也就更不想让别人注意到自己，更加不会在日常生活中与人过多交流，不敢妄加言语，在这样的恶性循环下，自我表达能力就算不丧失，也肯定不会有多强。

★★ 真实案例——小小演讲家

10岁的周杰不仅是班里公认的“演讲家”，更是全校有名的小名人。虽然才小学四年级，可是他已经在区市级的小学生演讲比赛中得过多次好成绩了。

他的成绩得益于父母的培养——大概是从周杰6岁的时候，偶尔一次在朋友家玩，当时电视里正在播放一部已经被放到烂俗的电视剧，周杰不知怎么的，突然开始跟着电视剧里的人物一起说台词。这让大人们都觉得很有意思，因为小周杰不仅把台词背得滚瓜烂熟，而且连语气、动作都模仿得惟妙惟肖。

“说不定，这孩子有演讲的天赋呢。你看他口齿多么伶俐。”朋友的一句玩笑话，让周杰的爸爸突然意识到，孩子原来在言谈举止上有天赋。

于是从那天起，他开始刻意锻炼孩子的言谈举止，有时候是父子俩一起辩论，有时候是两人相互出题，对某件事情进行描述。久而久之，孩子的口头表达能力越来越强。于是爸爸更是特地带他参加一些辩论类的比赛，这才让小周杰的名气越来越大。

一般来说，口齿也别伶俐的孩子往往会锋芒毕露，让其他小朋友不太喜欢。因为毕竟是孩子，纵然有才华，也往往会因为把握不好分寸而让周围的人觉得不快。可是周杰的父亲在强化孩子能力的同时，也特别注意做人的态度问题。在他的教导下，孩子只把锋芒留在了辩论台上，而在平日和同学朋友相处的时候，则变得平易近人，很受同学老师的喜欢。

★★ 让孩子的语言能力加强

孩子懂得的事情是有限的，因此孩子谈论和接触的话题也是有限的。要让孩子的语言和交流时的内容丰富起来，首先就要让孩子思维和学习的内容丰富。

有些家长会忽视孩子的语言能力，认为那仅仅只是说话，每个人都会，不需要太多的去在意，其实这种意识是完全错误的。孩子的语言不仅可以充分反映出孩子的所思所想，语言能力的好坏也能充分体现出孩子是否具有概括和组织语言的能力。同时，孩子的语言是否丰富、说话的时候是否紧张也显示出了孩子的自信程度。

所以，家长应该注重加强孩子的语言能力，语言能力提升了，自我表达的能力才能提升。试想，如果孩子连语言都组织不好，如何能向人表述自己的意识呢?

而有些孩子十分喜欢说话，什么场合都喋喋不休，家长觉得厌烦有时候就会粗暴地对待孩子，打击孩子的自信心，或者斥责孩子不会说话。

当父母这样对待孩子的时候，其实真正不会说话的是父母，他不但没有传递希望孩子暂时安静的想法，反而让孩子在潜意识里面对自己产生了否定，所以学会说话，无论对大人还是孩子都同样重要。

★ ★ 亲子互动建议

○加强孩子的阅读能力。要让孩子的语言能力有所提高，首先要让孩子学会说话。阅读能锻炼孩子说话时候的吐字、发音和说话速度。一个孩子如果说话吐字不清晰，或者说话的时候含糊结巴，那么即使在心里组织的语言再好，说的时候也无法让人明白自己的意思。所以，阅读的锻炼必不可少。

○语言概括能力的锻炼。孩子的说话吐字方面的问题解决之后，要表述自己意思就必须把语言组织和概括起来，连贯的叙述和清晰的思路会给人留下一个自信和沉稳的印象。虽然只是孩子，但如果说话结结巴巴，叙述时又断断续续，不但会给人留下不好的印象，对孩子自身也会产生消极情绪，会造成孩子的不自信，并且慢慢地越来越不爱说话。

★ ★ 亲子互动测试第16环

测试：谁才是说话的高手

在现在社会语言表达能力变得越来越重要，无论是在面试、答辩、交涉或是其他涉及交流的领域里，语言表达能力都以其独特的张力，享有几乎是扭转性的巨大力量。可以说一个掌握了语言权力的人，就掌握了事件的发展规律。

所以培养好孩子的语言能力，让孩子能够在需要开口的时候有勇气、有能力、有逻辑地表达清楚自己的想法，是让孩子们在人生道路上少走弯路的最佳顺风车。

要训练孩子的语言表达能力最好的方法就是练习，让孩子主动去说、积极地说、自信地说，下面有两幅可爱的Q版图，试着和你的孩子一起，来把这两幅图编成一个故事，这次的故事不用记录在纸上，一定要让家长和孩子一起，把这个故事讲给对方听。

图3–2

图3–3

测试分析

〇对话比较多的故事。当故事中出现了数量巨大的对话时，说明创造故事的人拥有很强的场景架设能力，这种能力无论是在事前模拟还是事后总结的时候都非常有用，一个能够在脑中自动构成场景的人，往往能够找到很多无人注意的细节，注意培养这方面的能力能让你的孩子成为辩论高手。

〇场景比较多的故事。当故事中几乎都是关于场景的描述时，创造故事的人暴露了潜意识里面不太愿意和人打交道的问题，你也许不是没有交流的能耐，但是你却反感去和别人交流。作为父母应该注意让孩子结交更加适合他心理环境的朋友，多创造让他觉得舒适的条件，不要白白浪费了天分。

〇情节比较多的故事。能够凭借口头的叙述就建立起一个复杂的情节框架，这充分显示了创造者的文学天分，作为父母要多给这个孩子准备一些优秀的书籍，不要浪费了这个孩子创造的天分。在和人交流的时候孩子可能有些陷入自己的想象中，应该学会把现实和想象合理分开。

—第五节　精神的粮食—

自信心对于孩子来说非常重要，可如何才能让孩子自信呢？那就要让孩子感觉到自己被认同和肯定，同时还要让孩子感觉到自己的价值和存在感。

要让孩子的自信心有所提高就必须依靠来自家长的鼓励，一些家长只知道一味地严格要求孩子，对孩子的要求往往会过于苛刻。这样看似是对孩子的要求高，实际上反而对孩子会造成强大的精神压力，使孩子自信心逐渐减退，对孩子的成长造成极大的负面影响。

要知道就算是一个成年人也是需要鼓励的，当你在工作的时候如果老板适当地肯定了你的能力，你往往就能获得非凡的动力，而对于孩子而言，这种鼓励的效果作用更加明显。

适当的鼓励会让孩子精神振奋，对孩子自信心的提升会有很大程度的帮助和推动作用。这远比对孩子的训斥来得有用得多。鼓励会让孩子得到一种被认同的感觉，这在某种意义上来说好比精神的食粮。“慈母多败儿”、“棍棒底下出孝子”的说法虽然不是完全没有道理，但却不能盲目的完全依照这个准则来对孩子实行魔鬼式的教育。

★★ 真实案例——自卑的东东

“这孩子什么都好，就是胆子太小。都不愿意跟班上的同学玩。下课的时候就只是坐在自己的位置上哪儿也不去。”说到东东，班主任老师不住地摇头叹息。

其实东东并不是胆子小，他是自卑。因为他觉得自己仿佛什么事情都做不好，所以也不敢跟别的同学玩，生怕做了什么事情被别人笑话。

而造成东东这种性格的，不是别人，正是东东的妈妈。

东东妈妈是个完美主义者，性格又比较好强。所以她总是觉得，自己这么出色，自己的孩子也应该是完美的。于是她对东东的要求特别严格，只要是他做了什么让自己不满意的事情，就会一顿呵斥。而东东如果做了什么值得夸赞的事情，在妈妈眼里也不过是理所当然罢了。

于是久而久之，东东的性格开始扭曲，他觉得自己似乎做什么事情都不能让妈妈满意，进而变得自卑、自闭。

★★ 鼓励式教育法

“人无全人”，所以对孩子要采取“允许失败、鼓励进步”的原则来教育。即对孩子的某些方面适当降低要求，还要鼓励他在擅长的方面冒尖和领先于人，扬其长而避其短，不必强求文学家有那么丰富的数学知识，如果跳水冠军门门功课都达到高水平，可能她的跳水就得不了奥运冠军。所以允许落后，才能冒尖，这就是成才的辩证法。

任何事情都不是绝对的，所以孩子不可能在学习的过程中完全没有阻碍。在孩子面对失败的时候，家长如果不但不安慰，反而还要打击和责备的话，那孩子很可能会在这个领域一蹶不振，甚至牵连其他的方面也失去自信。所以鼓励孩子，远比打击和责骂孩子来得有效得多。

★★ 亲子互动建议

○鼓励孩子战胜自我。家长要鼓励孩子学会战胜自我，要有迎难而上的勇气和决心。家长对孩子要鼓励和包容，但并不是说赞同孩子轻易放弃难解决的问题，相反，越是不容易解决的问题，越是不容易做到的事情，家长更应该鼓励孩子挑战自我。

★★ 亲子互动测试第17环

测试：找回自信

不够自信是成功的必然天敌，一个不自信的人他能做什么呢？他只会畏首畏尾，能够做好手中的事情就不错了，根本不能指望他去学会挑战，去创造奇迹。他的人生没有太多的价值，也很难成为父母的骄傲。而且因为缺乏自信，他甚至也不在乎是否能够做出一番成绩，慢慢地他甚至还会开始认同自己就是一个没用的家伙！

在看到这样的话语时，不够自信的人可能已经开始觉得心中刺痛，请一定要记住现在心中的感受，拿出你的骨气来，不要让自己再有机会为此而觉得痛苦，只要你还有这种痛苦的能力，就说明你还有希望，只要你肯拿出勇气来，你就能找回你的自信。

现在我们一起来做一道据说只有天才才能搞定的题目，这个诡异的图形目前为止已经困住了十几亿人，相信它也会毫无疑问地困住你，但是再困难的问题也会有一个答案。

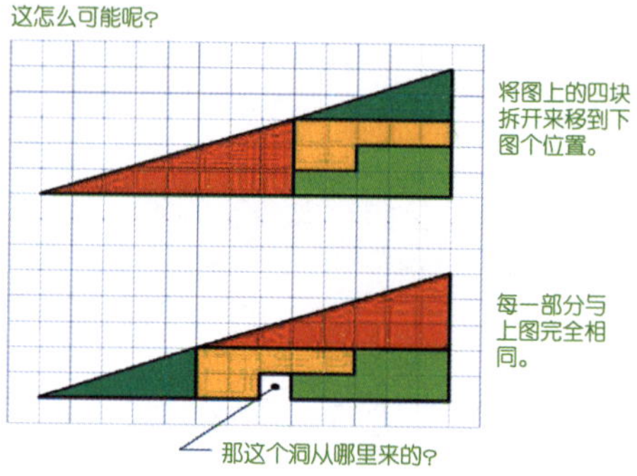

图3-4

乍一看这道题几乎就是一个不可解的谜，你找出其中的破绽了吗?

其实这道题只是一个简单的视觉骗局，你看到的并不见得就是真实，自信也是这样，当你觉得自己没有能力去做的时候，也许并不见得你真的遇到了难题，你也许只是败给了自己想象的那个假想敌而已。

现在我们先来做第一步，破除迷信。在家里找到一张布满了方格的纸，把上面的图在你的纸上面还原一次，看到问题所在了吧。这道题最关键破绽在哪里呢?就在那条斜线上，很细微的一点误差被出题者刻意抹去了大部分痕迹，加上颜色的差异，你看到的只是设计者的骗局。

现在你是不是注意到了，那条斜线并不像看上去那样是一根直线，尤其是在你的方格纸上，它们是两条有细微折角的交叉线，正是这条线交叉之间的角度，凑出了多出来那个小方格的位置。

你看，有时候自信就是来自于实践，只要你肯伸手去做，你离成功就不会太远。

—第六节　精神的毒药—

也许会让人觉得诧异，因为马上将要提到的精神的毒药不是别的，依然还是鼓励，虽同样的都是鼓励，可就和行医用药一个道理，下的量不同，所产生的药效也就截然不同了。

是的，这里的鼓励指的就是“过度鼓励”，适当的鼓励能让孩子自信，可一旦过度却只能让孩子自满和自负。过度的鼓励不但不会对孩子的成长有任何帮助，反而会把孩子的思想和认知往不正确的方向助推，让孩子的思维逻辑和行为方式都发生偏差，甚至连最基本的价值观和是非观也会因此而扭曲。

过度的鼓励会让孩子变得自以为是，从而产生一种唯我独尊的错误思想。这样的孩子会变得越来越不讨人喜欢，让人有一种“吃不完用不完”的印象，也就成为了人们调侃时常说的“没事找抽型”。

当然这种情况不仅仅是发生在孩子身上，在教育孩子的同时家长也要自省，是否周围人对于成人的肯定和认可，已经让你产生了骄傲自满的心理，在面对孩子的时候是否太有优越感。一定要随时审视自己，别做一个比孩子更自负的父母，这会让你的孩子都对你感到失望。

★★ 真实案例——冥顽不灵的小乐

小乐小时候并不是一个不听话的孩子，连爸爸妈妈也不知道从什么时候开始，小乐就开始变得蛮横独断起来，家里的大小事情只要和他有关的，他都必须要插上一手，而且非要所有人按照他的意见去做不可。本来家里人想着孩子还小，偶尔一两件事惯着他就算了，没想到小乐越来越变本加厉，竟然开始吆喝爷爷奶奶去做家务，对爸爸妈妈也没大没小的，甚至经常义正言辞地对爸爸妈妈的行为加以指责。

这个时候爸爸妈妈才发觉情况有些不对了，爸爸妈妈抽了个时间想跟小乐好好谈谈，没想到小乐根本不愿意和爸爸妈妈交流，开口闭口都是我是对的，你们听我的就行了，没什么好说的。

爸爸生气打了小乐一顿，小乐收敛了两天又故态重萌，爸爸想再打小乐的时候，小乐居然不知道从哪里找了本《未成年人保护法》出来，指着爸爸的鼻子说，如果爸爸再打他，他就去告爸爸，把爸爸气了个半死。

妈妈看着小乐这样子急得不行，最后还是去请教了一个做心理医生的朋友，医生叔叔和妈妈一起来到小乐家做客，但没有告诉小乐自己的真实身份，只是说是爸爸妈妈的朋友。

医生叔叔带着小乐去游乐场玩，在玩的时候慢慢和小乐沟通，终于发现了问题的症结。原来小乐的爸爸妈妈工作忙，小乐主要是爷爷奶奶在照顾，爷爷奶奶只会一味地说小乐做得好，根本没有基本的是非观念，加上小乐又聪明，所以小乐就越来越得意，觉得自己是最了不起的人，所有人都应该听自己的话。

★★ 鼓励不等于没有惩罚

很多家长对鼓励教育理解得非常片面，只知道要“鼓励”，可却不知道怎样去“鼓励”。鼓励教育是好，但鼓励不是绝对的，不是不需要别的办法来辅助的，在教育孩子的问题上，更需要实事求是，要懂得灵活地运用教育方法和手段。不能走极端，不是说一旦提倡鼓励教育，就不管鼓励起不起作用都用鼓励，也不管效果和结果而一味地只用鼓励。盲目的鼓励，那还不如不鼓励，物极必反的道理家长应该明白。如果鼓励失效了，偶尔也可以用惩罚，如果惩罚的效果好于鼓励，那么我们还可以多用几次惩罚，但惩罚的前提是不能让孩子身体和心理受到伤害，惩罚是为了孩子知错改错，目的是让孩子认识到错误并且牢牢记在心里，不能惩罚过度而让孩子从此产生畏惧。

★★ 亲子互动建议

○奖罚要适当。孩子家长在对孩子的批评和鼓励的态度、程度和次数上都要把握好度，甚至在孩子犯错的程度和性质上也要把握好度。有些错误需要用鼓励，而有些错误必须批评和惩罚，比如一个孩子如果偷了东西，但家长还采取鼓励的话，那结果是什么应该所有的家长心里都已经知道了。

○重点依然是奖励。根据条件反射的原理，人在对待奖励的时候形成的记忆，其实远远比在惩罚中形成的要稳定。奖励也许看上去没有惩罚那么立竿见影，但是却能够形成长久的效力，而且具有远远高于惩罚的心理价值，能够让孩子主动积极地去做正确的事情。

★★ 亲子互动测试第18环

测试：制定奖罚分明的制度

在父母和孩子共同商量的情况下，由父母给孩子制作一个奖罚记录表，同时孩子也给父母制作一个奖罚表。其实在制作这个表格的过程中，通过耐心的说服和诱导等行为，孩子们也已经明白了什么事情能做，什么事情不能做，进而主动建立起了一个比较正面的价值观。

而制定了这个表格以后，父母和孩子就应该严格按照奖罚表的规定去做，这一步也是灌输给孩子基本的法律意识，必须要给孩子强调法律之下人人平等的观念，所以如果父母犯了错，无论是什么借口也应该接受相应的惩罚，这样才能给孩子起到有效的带头作用。

注意在制定制度的时候，父母不应该只为了管理孩子方便，而应该尽量听取孩子的意见，进而对孩子实行奖罚分明的奖惩制度。尤其是在孩子获得成绩的时候一定要给予适当的鼓励和奖励，但如果犯错或者多次犯同样的错，则依程度制定惩罚的方式和内容，切记必须要是错误而不能是创造，如果孩子的目的是因为好奇或者创造，父母不应该轻易将其判定为犯错。

宝贝的行为规范表	
奖励十条	惩罚十条
1.主动帮助别人	1.没有孝心，不尊敬长辈
2.有礼貌，懂事	2.犯了错误想用撒谎蒙混过关
3.主动承担责任	3.擅自拿家里的东西
4.主动锻炼身体	4.和小朋友们打架的时候太过火了
5.主动看有意义的书	5.让别人帮忙写作业没有给酬劳
6.自觉完成每天的学习任务	6.偷吃零食拉肚子
7.创造了一个作品	7.大哭大闹胡搅蛮缠
8.取得了一项成绩	8.挑食
9.主动跟爸爸妈妈交流想法	9.离家出走
10.遇到痛苦或者危险的时候保持冷静	10.做事情半途而废

爸爸妈妈的行为规范表	
奖励十条	惩罚十条
1.耐心听取并尊重孩子的意见	1.没有孝心，不尊敬长辈
2.和孩子平等的相处	2.因为心情不好而迁怒给孩子
3.给孩子正面的道德示范	3.犯了错误想用撒谎蒙混过关
4.和孩子一起锻炼身体	4.把孩子当成炫耀品
5.给孩子做了一顿美味健康的餐点	5.克扣孩子的零用钱
6.和孩子的朋友交往得不错	6.答应了孩子的事情做不到
7.准确执行了各项关于孩子的奖罚制度	7.为了方便在孩子面前违反社会公德
8.多跟孩子交流	8.限制孩子的人身自由
9.注意到孩子有心事并加以开导	9.限制孩子的交友范围
10.给第一次犯错的孩子一个改正的机会	10.瞒着孩子给孩子报各种补习班

4 CHAPTER

第四章 身体天分大调查

—第一节　倾向性原理—

不同的人具有不同的行为能力，并产生不同的自我评价，其决策倾向也有所不同，而这个选择往往分为两个方面，这就是人的倾向性。

倾向性是由遗传、环境、教育、知识、观念、阅历以及经验综合组成的。不同的孩子对事物的倾向性也是不一样的，这不仅仅表现在孩子的价值观、心态和做事的风格上，孩子的身体在行为上的倾向性也各有不同。因为任何存在都有局限性，就必然都有倾向性，就必然造成运动的倾向性。有的孩子天生就喜欢动，有的孩子却总是喜欢静静地待着；有的孩子喜欢跑来跑去，有的孩子却只喜欢动动手。这也就是说，在行动能力上每个孩子的喜好和擅长什么样的项目也都各有不同。

个子高的孩子往往适合打篮球，手指长的孩子适合弹钢琴；好动的孩子喜欢运动，好静的孩子却可能喜欢做手工；大部分男孩子喜欢足球，可女孩子们又往往喜欢踢毽子。

孩子的身体倾向于什么样的行为，你是否认真观察过呢？

★★ 真实案例——喜欢游泳的小可

小可的爸爸妈妈一直都很担心小可，他实在是太爱玩水了，经常把家里到处都浇得水淋淋的，到读初中也改不了这个毛病，爸爸妈妈打也打了、骂也骂了，虽然小可不再把水弄得到处都是，但还是看着水就扑上去玩儿。

小可的爸爸妈妈也想过送小可去学游泳，但奇怪的是喜欢玩水的小可居然学不会游泳，虽然他很爱去游泳池泡着，但是游泳的技术确实很糟糕，爸爸妈妈为了让他游泳花了不少钱，也就让他学会了怎么不在水里淹死，技术相当差。

爸爸妈妈就纳闷了，别的孩子都是喜欢什么就擅长什么，怎么自己家的小可喜欢的反而很不擅长呢？直到小可读大学选了海洋专业的时候爸爸妈妈才明白过来，小可虽然喜欢水，但并不代表就擅长游泳，他可以用其他的方式来表达对水的热爱。

不过拙劣的泳技也没有白学，它激发了小可对海洋更深的热爱，让他能够从水中倾听到水的声音。

★★ 性格决定爱好

一个人的爱好往往都会受到性格的影响，一定程度上性格决定着人爱好的发展方向。搞创作和科研的人通常都喜欢清静，因为只有在这样的环境下人才能静下心来思考；演员通常都很爱表现自己，因为只有通过展示，才能让更多的人见识到他们的表演天赋；导演又往往都控制欲特别强，所以他们能让演员知道每场戏应该怎么演；商人则精明爱算计，也只有这样的在人才能在生意场上运筹帷幄……

孩子的性格与父母比较的话，通常不是跟父母性格极其相似，就是极端的不同。这个说法看似奇怪，但仔细观察身边熟悉的家庭，会发现事实确实如此。其实，这与孩子对父母的认同度有关。如果孩子对父母的一切都很崇拜、很认同，那么孩子就会去学习和模仿，久而久之，孩子在性格和行为上都会与父母相似，甚至可以说是相同；相反，如果孩子对父母的言行、爱好等不认同的话，那么在孩子的潜意识里就会自然而然地抵触对父母的模仿。

也就是说，父母的性格不仅影响着孩子的性格，同时还影响着孩子的爱好和发展。这样看来父母性格好坏与否对孩子的发展至关重要。

★★ 亲子互动建议

○让孩子自己去感受自己的爱好。很多时候家长都喜欢横插一脚。看着孩子爱画两笔马上送去国画班，结果自己家孩子的天分是画油画；看着孩子听歌入迷就送去学钢琴，结果孩子更适合去学声乐。父母应该多给孩子一些机会去选择，别用自己的经验去影响了孩子。

〇起好带头作用。父母的爱好有时候会潜移默化中影响到孩子，所以作为父母要适当地展现自己的才华，让孩子产生效仿心理，诱导孩子找出自己的天分所在。

★★ 亲子互动测试第19环

测试：用废物自制美丽的椰树

一个人的爱好取向怎么判断呢，尤其是作为孩子而言，其实他自己也未必清楚自己的天分是什么。经常都有家长抱怨孩子没有常性，昨天还在哭着闹着要学钢琴，花了好几千元给他报了一个学习班，没两天就死活不去了，要改学画画了，弄得家长头痛不已。

其实兴趣和爱好最关键的部分还是在于天分，只要让孩子的天分不至于浪费，具体学习的过程可以慢慢创造机会。比如孩子如果说喜欢钢琴，不用急着带他去钢琴班，可以先让孩子听一听古典音乐，买一个简单的电子琴，或者在电脑上下载一个钢琴模拟器让孩子先玩一玩，如果他确实感兴趣再进一步学习也不迟。

画画也是同样的道理，绘画的目的在于记录和抒发，随时给孩子一个画夹或者相机，让孩子去记录自己想记录的一切。让孩子自己去了解自己想做什么 ，这样才不会搞得家长焦头烂额，孩子也越来越没有自信。

今天要做的测试题是一个手工制作，手工制作是个简单有趣的活儿，人人都可以去做，任何年龄段的人都可以做得津津有味，而且还能把家里的废品材料重新加工，做成美丽实用的新东西，而且在制作的过程中，你也许会不知不觉就发现了自己的才华所在。

1.剪好叶子，根据需要剪出大小，然后用铁丝将其粘好。

2.把叶子的边缘修剪成整齐的弧形，然后剪出细线。

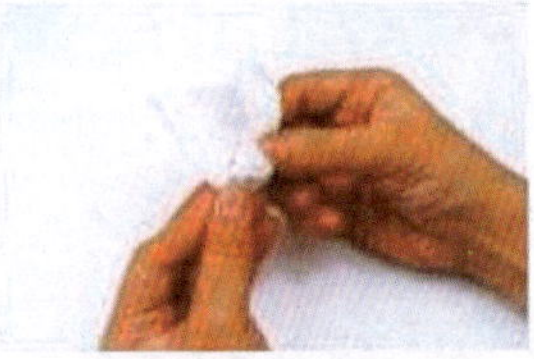

3.把纸巾涂上胶水，粘在铁丝的一端，并卷成球形。

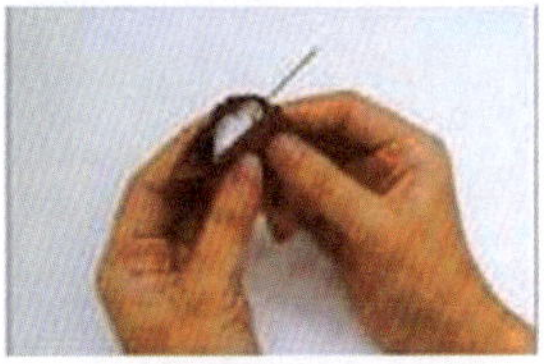

4.找一张棕色的纸，或者用水彩把白纸涂色后用胶水包起纸巾。

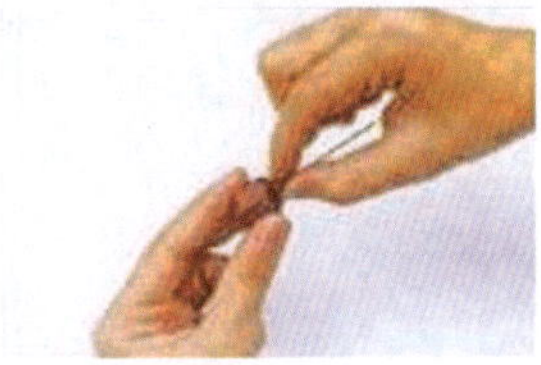

5.拧紧纸的下端做成一个小椰子。

6.用胶带把椰子树的椰子们缠在一起，然后粘上小椰子。

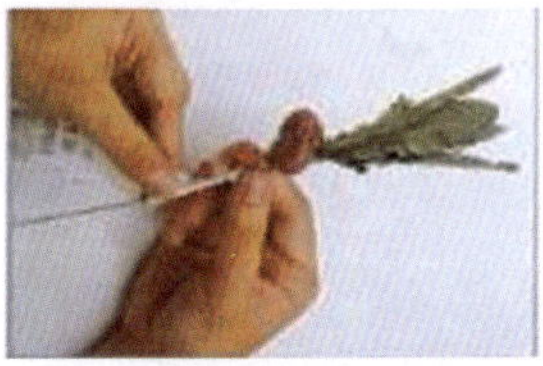

7.用报纸将椰子树的树干层层加粗。

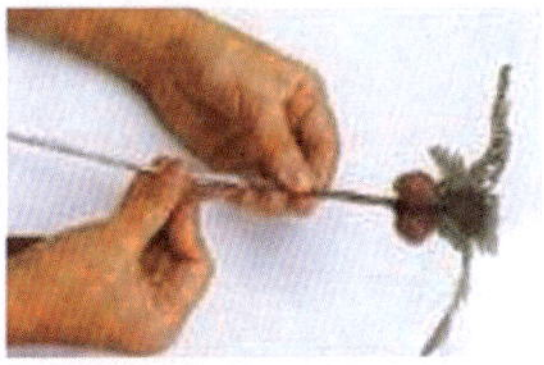

8.调整好叶子的基本形状，然后再用棕色的胶带装饰树干。

9.将细节处理好即成型。

图4—1

测试结果

1.根据自己的创意制作出了其他的漂亮植物：你的天分在于出色的联想能力，如果学习绘画或者其他要求想象力的事情会有更好的效果。父母可以适当的给你的孩子多准备一些客观条件，多带孩子去远方旅游，观察这个世界，并且教会孩子整理归纳他的见闻。

2.在现有的基础上加以美化，做出了漂亮的插花盆栽：你的天分在于完善事物的能力，无论做什么事情你都能做得尽善尽美，选择一些音乐方面的爱好，缓慢和细致的学习过程，能够不断净化你的心灵，勤能补拙，你一定能从音乐中得到快乐。作为父母应该注意培养孩子的美学底蕴，给孩子更多美的熏陶，可以多去展览或者博物馆参观。

3.飞快地完成了手工制品，而且看上去质量还不赖：活泼好动又心灵手巧的你拥有很强的手脑协调能力，注意培养一些运动方面的爱好，你出色的平衡感和运动细胞会让你成为一个运动健将。父母可以带孩子去尝试一下不同的运动项目，看看哪一种最让他觉得得心应手。

—第二节　遗传基因—

遗传，一个经常会被提到的词语，当看到某人长的像其父母，或者某人的习惯或从事的职业和父母相同时，周遭的人就会说那叫遗传。

Gene,Mendelian factor——遗传基因，也称为遗传因子，是指携带有遗传信息的DNA或RNA序列，是控制性状的基本遗传单位。基因通过指导蛋白质的合成来表达自己所携带的遗传信息，从而达到控制生物个体性状表现的目的。

遗传基因会让孩子遗传到父母的细胞和染色体，这些都是在生理上产生的性状表现。而孩子很多时候在行为方式和能力上也会或多或少的有着父母的影子，而这种父母行为在孩子身上的映射才是我们平时常常说到的遗传。

孩子的身体行为遗传到了你的能力和天分了吗？孩子的爱好又是否跟你的一样或相似？作为家长的你是否又仔细观察过呢？

★★ 真实案例——音乐世家

天天的爸爸看到天天就犯愁，天天从祖爷爷那一辈起，全家都是音乐神童，全家每个人都或多或少能找到一样自己适合的乐器进行学习，爸爸还曾经去过维也纳金色大厅表演。

可不知道为什么到了天天这里，竟然一丁点音乐的细胞都看不到，天天明明乐感就很好，但是学什么乐器都学不好，把爸爸急得啊。

幸好妈妈比较开明，劝服了爸爸不要强迫天天，让天天自由发展就好了。但是没有意料到的是，在天天10岁的时候竟然自己谱出了一支交响曲，虽然曲调还很稚嫩，但是出现在一个10岁的孩童身上依然是非常了不起的事情，这下可把爸爸乐坏了，想不到家里宝贝的音乐天分不但得到了很好的遗传，而且还是前所未有的发扬光大。

★★ 亲子互动建议

〇不要太在意遗传。有些家长自己在某方面拥有特别的才华，就希望自己的孩子也能这样，殊不知拔苗助长反而害了孩子，才华这种事情不能勉强，能做到什么程度就做到什么程度，有天分自然会显现出来，别忘了你们家就是最好的陶冶场。

〇不要无视遗传。遗传毕竟是一种科学，要相信遗传在才华传递上的效果，不要避讳多带孩子参加父母擅长的技术的场合，并不是非要孩子去学习，但是给他适当的场合和气氛去熏陶，就能帮助他引发天分。

★★ 亲子互动测试第20环

测试：遗传指数大调查

遗传是一个无法回避的话题，中国有一个很形象的词叫做“世家”，如文学世家、政治世家、体育世家，同一种天分为什么总是眷顾同一个家族呢？这就是所谓的遗传。

在遗传中也许偶尔有人会没有父辈的天分，也许有人会隔代遗传到祖辈的天分，但是就算能力有所差异，遗传的力量也不可否认。主动去认识遗传、肯定遗传，并且根据家族的条件来测试自己的天分，你常常会有意想不到的发现。说不定你一直以为自己不擅长的事情，反而是你最有可能取得突破成就的领域。

现在一起来看看图4–2，把你觉得有趣的项目圈上红色的圈，不一定要根据你的兴趣，可以只凭借你的观感，或者你觉得有联系的运动，可以进行多选。

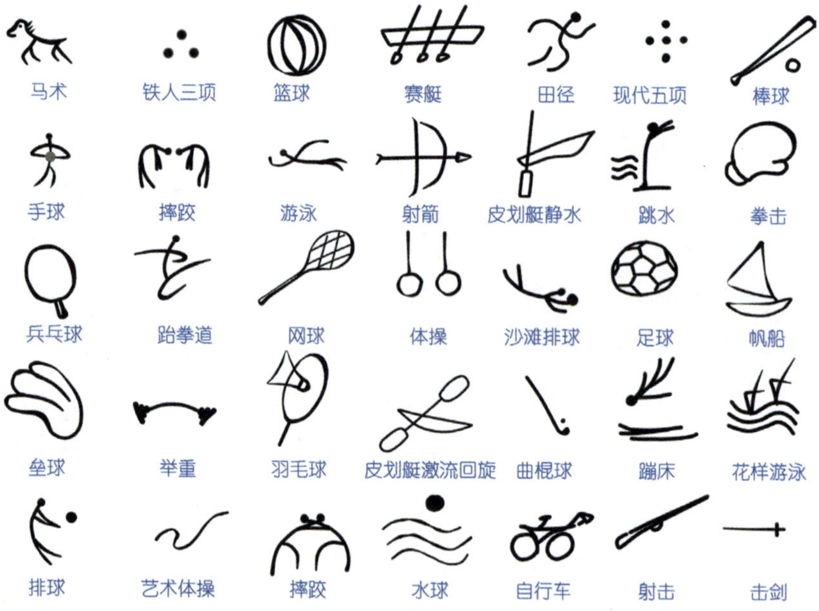

图4–2

测试分析

1.选择了所有球类运动的人（或者所有比较有审美价值的运动，或者与水有关的运动等）：潜意识里你是一个喜欢归类的人，或者容易对某一项事情集中全部热情。对你来说能否发挥自己的遗传天分，关键就在于你是否尝试过去发掘这份天分，只要你尝试过你自然就能够找到答案。

2.只选择了一个运动的人：不仅仅是遗传的天分，其他的天分对你来说都有些勉强，你不要太故步自封，应该开阔自己的视野，看看自己能做些什么，你也许远远比自己想象中更有价值。看看你选择的那个项目，其实有很多类似的运动，如果你能做好这个部分，那么你也能做好其他部分。

3.选择了所有运动的人：如果不是故意捣乱，就只能说你太博爱了，注意收敛自己的兴趣，或者把广泛的爱好变成兴趣。记住不管你选择做什么，但一定要至少做好一件事情。

—第三节　自我选择意识—

每个人都有为自己选择的权利，孩子也不例外。选择是生活与人生处处都需要面对的关口。昨天的放弃决定今天的选择，明天的生活取决于今天的选择。 很多父母会认为孩子小就帮孩子把所有的选择都决定了。家长认为这样是对孩子的关心和负责，一切都是为了孩子好，但其实这样的关心往往并不是孩子想要的。

即使是孩子，也是会判断和选择的，至少他们知道自己爱好什么和愿意学什么。而家长固然是成年人，有时候却会因为一些盲目冲动和不理智的想法而为孩子做出选择，当然这并不代表所有的家长都会这样，但毕竟还是存在这种情况的，而且还是有很大一部分家长这样。

孩子在孩童时期也是有自我选择意识的，自我选择的逻辑起点在于自我存在，而自我选择无非就是自我存在的不断充实。自我选择体现了自我存在的人生价值和意义。选择，意味着责任。有句话说：“决定我们是谁的，不是我们的能力，而是我们的选择。”教育的一个重要目的，就是教会孩子以后怎样去选择。

★★ 真实案例——叮叮的人生

叮叮在文理科分班的问题上已经和爸妈吵了一个礼拜了，爸爸坚持要叮叮去读理科，并且认定了男孩子读文科没出息。但是英语和语文成绩优异的叮叮却非常讨厌理科，坚持要选择文科就读，于是和爸爸相持不下。

最后连老师也到家里来劝叮叮爸爸让叮叮选择自己喜欢的专业，妈妈也劝爸爸说如果叮叮读了自己不喜欢的理科，不能好好学习，还不如去读文科呢，又何必害了孩子。

爸爸虽然最后答应了，但是心里始终不服气，没事儿就把文科生不好找工作的报纸放在叮叮面前，然后假装无意地走开。

直到叮叮大学毕业，找了一份很好的工作，爸爸才终于不再折腾，开始笑嘻嘻地向朋友们吹嘘自己家里有个一本大学的高才生，现在找了份好工作！

★★ 顺应形势的需要

传说在很久之前，周国有个想当官的人，他一直努力参加各种考试，但一直到他满头白发了也没能如愿。有一天他在大马路上就忍不住伤心地哭泣，路过的人看见都很好奇，有人上前问他为什么哭。

这个老人家一边哭一边回答说道：他追求了一辈子的功名，却总是没有被当权者看中，现在都已经年纪大了，再也没有机会当上官了。

路人就奇怪了，又问道：你既然一辈子都想当官，怎么就是当不上呢？

老人回答道：他年轻的时候听说道德文章学好了可以当官，他就努力学习然后去考试，结果当时的国王喜欢用年纪大有经验的人，他就没被看上。等到这个国王去世以后，继任的国王喜欢武术好的人，他就跑去学武术，但是等他学会了，这个国王也去世了。新的国王喜欢用年纪轻的人，但这个时候他已经老了，再也没有机会去求官了。

由这个故事可见，选择是否正确也是要看环境变化的，作为人，在童年和少年时期形成的对世界、对人的看法可能影响一生，就好比一棵树在幼小时要扶正它很容易，可如果要等它长大才去扶正它就很难了，因此让孩子从小就学会自我选择极其重要。

★★ 亲子互动建议

○选择好你的人生目标不要轻易改变。但丁说一个人如果同时射出许多箭，就很难射中箭靶。同样的道理一个人如果设立了很多目标，他就无法达到目的。所以当你决定了要做什么事情的时候，不要动摇，因为你之前的行为都是为了现在而努力，现在放弃就前功尽弃了。

○重视环境的变化。你的努力要有目标，但是目标不能太盲目，如果时代改变了，你就应该做细微的调节，尽量顺应时代的需要。

★★ 亲子互动测试第21环

测试：选择你的道路

天分有时候往往会受到很多外在条件的束缚，你的想法也是一样，所以学会控制自己的人生道路，你才能真正的得到成长。作为父母而言，一定要把孩子的人生还给孩子，你的选择在你的世界观看来的确不错，但如果那不是孩子想要的，可能反而会耽误孩子的终身。作为父母你只需要将你的想法和考虑传达给孩子，然后让孩子自己来判断决定就可以了。

下面我们来做的测试也是跟道路有关，把下面的三角形图形看成是一条道路，你将沿着一个一个的小三角形往前走，但是要求你走的路径必须永不相交，同时又能穿过尽可能多的三角形，而且每次都必须要经过一条两个三角形的公共边。

请问你走哪条路径能够走过数量最多的三角形？你又将留下几个三角形尚未走到呢？

图4–3

—第四节　好胜心与物质天分—

每个人追求的事物都有所不同，有的人向往平淡的生活，有的人淡泊名利，而有的人往往追求的就是名和利。

一个人心里对物质和名利的认知程度，其实在还是孩子的时候就有了一种潜在的意识形成，只是在孩子还小的时候这种意识的体现很模糊，甚至有时候根本没有征兆。所以经常会感叹一个人成年之后性格和处事风格完全变了，往往让人意想不到，这就是意识在孩子成年后逐渐清晰的一种表现。

人的好胜心理往往也是决定人物质追求程度的一种因素，好胜心强的人通常对名利和物质的追求比一般人强，因为在追逐名利的同时，好胜心理也得到了一种宣泄。人的好胜心不一样，所以追求的东西也就不一样，所以往往什么样性格的人成就什么样的事业，也就是这个道理。

★★ 真实案例——好强的柯柯

柯柯从小就是大院幼儿园的“小霸王”，幼儿园里没有哪个小朋友没挨过他的打。柯柯长大了也不消停，初中的时候经常和老师顶嘴，而且还常常顶得老师没法回嘴，所以几乎整个初中柯柯都在教室背后罚站。高中的时候柯柯开始早恋、逃课、看小说，学校不让做什么他就做什么，这种叛逆的性格弄得柯柯的爸爸妈妈非常头痛。

爸爸妈妈几乎都要对这个孩子绝望的时候，柯柯遇到了一个非常好的老师，这个老师很懂得利用柯柯好强的心理。他讽刺柯柯如果不好好学习，将来就只能去给现在他欺负的那些同学打工，柯柯这么好强的性格，当然开始奋发图强，竟然成绩节节高升。

成绩变好了的柯柯也开始有了自尊心，比较重视自己的形象，不愿意再去打架惹事。擅长利用柯柯自尊心的老师帮助柯柯改变了整个人生，柯柯直到大学毕业工作以后都很感谢这个老师，经常回去看望他。

★★ 亲子互动建议

○可以利用的好强心理。孩子如果有好强心理其实是一件好事，有了好强心就有了上进心，只要懂得将这种好强心用在正途上，最捣蛋的孩子就会变成最优秀的孩子。

○不要打压孩子的积极性。成年人经常都会觉得没有上进心了，因为一直在社会上摸爬滚打，脾气和进取心都磨平了。但是孩子不一样，孩子他们不应该这么小就失去了上进心，作为父母其实更应该学习孩子的好强心，而不是去打压磨灭它。

★★ 亲子互动测试第22环

测试：正视你内心的欲望

一个人的欲望决定了他的追求，欲望太低的人生活态度消极，得过且过，一辈子都没有太高的成就。而欲望太高的人则因为欲望得不到满足而内心空虚，往往铤而走险，造成一些不太好的后果。世界上万事万物都是这样的，没有肯定不行，但是太过又会反而达不到目的，所以如何去控制一个合理的度，就是人一生都需要学习的话题。

一个人要想有所成就，他首先要能够正视自己内心的欲望，也就是明白自己到底想要得到什么，当他明白了这一点，很多复杂的问题就变得简单起来。

现在来做一个小游戏，给下面这幅图上的枯叶添上果实，先思考一分钟你要添加的果实，然后用一分钟的时间把你想的东西画上去。

图4-4

测试分析

1.毫不犹豫地把想到的果实画到了画面上：你的欲望很干净也很直接，

知道自己的目的所在，并且很快地将其投射到画面上。你做事几乎都能按照自己的步骤达到目标，只要不给自己设定一些不可能的难题，你就不会遭遇到巨大的失败。作为父母应该帮助你的孩子设定适合的目标，按照近期计划一步一步来，不要好高骛远，刻意强求。

2.在过了一分钟以后还是不能决定画什么，在最后的半分钟时间仓促画下：你太多想法了，而这些想法似乎都没有给你真正深刻的印象，你在做事的时候没有明确的压迫感，不喜欢强迫自己，所以常常完不成任务，或者没办法很好的完成任务。作为父母而言应该帮助你的孩子加强时间观念和责任感，让孩子对自己做的每件事都要有承担的勇气，否则可能会变成一个得过且过的性格。

3.在树上画满了各种各样的果实：你的天分和想象力都非常好，但是注意在做事的时候应该设定一个明确的目标，你可以尽情宣泄你的天分，前提是把该做的事情先做好。这种类型孩子的父母应该给孩子多创造一些复杂的锻炼机会，让孩子从纷乱中找到一条明确的路径，可以同时让他做多件事情，然后让他自己判断孰轻孰重，并且按照轻重顺序完成所有的任务。

—第五节　身体中的不安分因子—

稳定的生活是很多人所向往的，但却总有一部分人不喜欢安稳，喜欢冒险，喜欢创新和探索。这部分不安分的人里面，有些成功了，并且被世人当做传说；也有一部分失败了，可能最后很落魄、很凄惨。

每个家长内心都会希望自己孩子能成为天才，但是天才毕竟是少数，大多的父母通常都期望的都只是孩子能健康成长，日后能有稳定的工作和安稳的生活才是贴近实际的目标。可有些孩子却无法安分下来，这些孩子喜欢冒险，乐于挑战不可能完成的任务，喜欢追求刺激和新鲜。

不安分因子是每个人身体里都存在的，但是程度不同，不安分的情绪也就显现得不一样。你的孩子身体里不安分的因子是否活跃，你观察过吗？

★★ 真实案例——不安分的兵兵

兵兵似乎天生脑子后面就长了一根好动的骨头，永远都静不下来。老师让上课的时候大家坐好，兵兵就动来动去；老师让大家画一幅牵着老人过马路的画，兵兵就画一幅超人背着老人飞过大楼的画；老师让大家围着操场跑两圈，兵兵就边跑边翻跟头。老师不知道是该说兵兵有想象力呢，还是说兵兵太没事找事儿。

兵兵的爸爸妈妈听说了兵兵在学校里面尽给老师捣乱，把兵兵一顿好揍，还和老师约定好了，只要兵兵出了什么状况，晚上回家绝对是一顿“竹笋炒肉”。

这样的状况一直持续到兵兵高中的时候，这个时候的兵兵已经不再像小时候那么折腾了，虽然成绩始终都不好，而且爱上课看小说或者偷偷聊天，但是基本上不会做什么特别出格的事情。爸爸妈妈本来对于现状已经很知足，至少这孩子不要惹事就不错了，都已经不指望兵兵有出息了。

直到有一天学校来了个新教练，在体育课上教练一眼就发现了兵兵的运动天赋，但是经过一系列测试以后教练只能惋惜地告诉兵兵，他在最好的年龄没有得到锻炼，现在已经失去了成为运动员的最佳时机了。

★★ 伟人的素质

不是每一个不安分的人都能成为伟人，但是伟大的人一定从小就不安分。这个世界的规则是为大多数人而设定的，而大多数人则意味着平庸。所以只有平庸的人看上去才符合大社会环境下对“安分”的定义，当你在要求你的孩子必须安分时，无异于就是在告诉孩子，你必须平庸。

作为父母其实正应该去学习孩子身上这种不安分的因素，只有不安分的人才能够有创造性，当你突然有一天从孩子身上领悟了这种不安分的价值，并且将这种不安分也运用到自己的生活中，说不定你的人生将会焕发出全新的光彩。

★★ 亲子互动建议

○多给孩子一些个人发挥的空间。也许安分适合孩子和社会交往，但是你至少要给孩子留一个发泄的口子，不然就会彻底湮没了孩子的才华。你可以引导孩子将情绪抒发在文字中、音乐中、运动中或者绘画中，一方面培养了孩子的兴趣爱好，另一方面又将这种不安分转化成了能量。不要轻易抹杀了你的孩子成为天才的机会，而不安分的性格正是最好的种子。

○和孩子一起创新。作为父母可能已经习惯了安于现状的生活，但是如果你对生活还有激情，你就应该试着改变现状，学学你的孩子们，和他们一起，一步一步地改变你对现状的认识，创造属于你和孩子的全新世界。

★★ 亲子互动测试第23环

测试：你是否安于现状？

物理学上我们都学过相对论，什么是相对论呢，最简单的一种解释就是运动是永恒的，而静止则是相对的。明白了这个道理的人，往往会比别人多一份警惕心，在平常的生活中保持自己的活性，既不会放过机会，也不会落入绝境。一个安于现状的人必然会磨灭自己的才华，耽于现有的生活状态，一旦面对巨变就会失去应对的能力。

你是否安于现状呢？如果你不想安于现状，你又应该做些什么呢？现在一起来看下面这张图，你能看出A和B其实是同一种颜色吗？

图4–5

测试分析

1.一直盯着图看，看不出A和B是正确颜色，直接看分析的人：你还真是对自己没什么要求，老是停滞于现状你会对自己越来越没信心，要多花一点心思多努力一点，很多事情只要你愿意其实就能够做到的。作为这种孩子的父母应该让孩子从小事开始锻炼，养成一件事一件事都要完成的好习惯，制定的目标要切实地去做才行。

2.实验了各种方法，最后得出结论A和B是同种颜色的人：你很执著，做起事情来经常会比别人下更多的工夫，而且不达到目的就不罢休，一旦成功了会很有成就感。作为这种孩子的父母要把你的孩子放在有竞争的环境中，要让他有去斗争的目标，但不要是太过分的环境，避免过度打击了孩子的积极性。

3. 一开始就直接挡住了A和B周围的色块，直接观察A、B真实颜色的人：你非常聪明而且目的明确，基本上不用担心你会有遇到大问题的时候，一般的小事情你都能迅速解决，不断向着你的目标迈进。但是就是因为太聪明可能经常会有些懒惰，作为这种孩子的父母应该适当的给孩子一些鞭策，别让孩子太过于玩弄小聪明，有些必要的困难让他去面对也无妨。

5

CHAPTER

第五章 你能做什么，你的孩子能做什么

—第一节 主观能动性—

无论家长或是孩子都会有自己的思想和想法，有想法固然是好事，丰富的想象力也可以让人的思维活跃起来。但“想”永远都比做简单，如果一味的只知道想，而不知道去付诸行动，那么这样的趋势发展下去只能叫做异想天开。

要把想法变为现实，那就必须要用行动。行动能力的好坏，这就要依靠主观能动性的发挥了。主观能动性就是把主观思想变为客观行动的转变过程。无论家长还是孩子，都离不开主观能动性发挥的作用。就好比某人口渴的时候，尽管一杯水放在他面前，但如果他只是一味去想，而始终不知道动手去拿杯子的话，那么最终结果只能是被渴死。

★★ 真实案例——自己动手的丹丹

丹丹的爸爸妈妈工作很忙，所以她从小和爷爷奶奶住在一起，等到爸爸妈妈终于有时间照顾丹丹的时候，丹丹已经读初中了。

爸爸妈妈把丹丹接回身边，才发现丹丹竟然是个非常没有主动性的孩子。爷爷奶奶一方面惯得比较厉害，丹丹基本上没有做过什么家务，另一方面爷爷奶奶管得也很严，丹丹几乎没有什么自己做主的机会，每天都在爷爷奶奶的高压教育下生活。

现在的丹丹呆呆的，爸爸妈妈说什么就做什么，但如果没人跟她说，她就总是一副很无措的样子，这让爸爸妈妈非常头痛，简直不能想象丹丹将来要怎么办，这个样子怎么能够在社会上独立呢。

为了改变丹丹，妈妈专门辞职在家里陪丹丹，她开始引导丹丹主动去做一些手边的事情，去表现内心的想法，哪怕是有些荒唐的想法。慢慢地，丹丹改变了，她开始有了自己的意愿，也会主动动手做一些事情，会去跟同龄人交朋友，妈妈终于能够安心地回去上班了。

这天妈妈和爸爸下班回到家，看到家中漆黑一片吓了一跳，以为丹丹又发生了什么，结果打开灯一看，丹丹端坐在桌前，桌上放着满满的饭菜，原来是丹丹想给爸妈一个惊喜，爸爸妈妈高兴得眼眶都湿润了。

★★ 主动的价值

一个人做一件事最大的价值就在于满足了自我的祈愿，而要想满足自我的祈愿最基本的要求就是要有去做的愿望，有了这种愿望你才会发挥主观能动性，主动自觉地去完成你想完成的事情，而只有主动自觉去完成的事情，才会让你产生成就感。

孩子在小的时候往往对世界有一些畏惧，很难有勇气主动去做想做的事情，父母应该尽量正确地去引导，让孩子对这个世界感到安心。

★★ 亲子互动建议

○让孩子学会把想和做相结合。家长在培养孩子拥有充分的想象力和动脑能力的时候，也不能忽略了培养孩子的动手能力，充分发挥主观能动性，让孩子学会把想和做结合起来。理论联系实际，把学到的和自己想到的都通过行动实践和论证，真正达到学以致用的良好效果。

○引导孩子锻炼动手能力的兴趣。不要以为仅仅只是孩子需要具备动手能力，家长也和孩子一样。在培养孩子具有主观能动性的过程中，家长应该以自己作为榜样和对比，激发孩子自己动手的兴趣，经常和孩子进行一些小比赛，对激发孩子的兴趣有很大的作用。

★★ 亲子互动测试第24环

测试：你够主动吗？

主观能动性看起来是一个小话题，其实做起来却非常伤脑筋，看上去很简单的一些事情，做起来却是愁死人。

什么样的人算是有主观能动性的人？首先他必须要知道自己要做什么，然后他需要有足够的信心，其次他有勇气承担压力，最后他必须将一切付诸实践。说起来似乎很简单的主观能动性，但是做起来却常常被丢失在了时间里。

一个人是什么时候开始失去主动性的呢？小孩子总是对所有事情都很好奇，为什么人越长大就越失去了好奇心呢？如果让你和你的孩子一起做一个关于主观能动性的测试，在绝大部分情况下父母都会成为输家，那作为父母应该怎么做呢？怎么才能保护好孩子的主观能动性呢？

现在先和你的孩子一起来做下面的游戏，看看在这幅画中一共出现了几匹马，比一比你们谁找到的马更多！

图5–1

测试分析

1.孩子苦苦找不出更多的马时，家长随即给予善意的提示。这个游戏其实针对的对象并不仅仅是孩子，也包括家长，为什么现在很多孩子都没有主动性呢？这是因为家长习惯了帮助孩子解决那些看似不重要的“小问题”，其实孩子有时候只是需要多一点时间，作为家长应该更加耐心一点，等待孩子自己通过努力去解决问题，而不宜过多干涉。

2. 孩子找出的马比父母多，父母马上给予赞誉。对于年纪比较小的孩子这样做是对的，可以增强孩子的自信心，促使孩子能够更好地提高自己。但是对于已经进入青少年阶段的孩子，这样的奖励不会让他觉得受用，反而让他有一种被小看了的感觉，作为家长只需要在心底认可自己的孩子，平时生活中开始把一些家里比较重要的、复杂的事情交给孩子来做，帮助他提高自己的能力就可以了。

—第二节　自我价值观意识的培养—

价值观是一个人衡量事物的标准，每个人心中对事物的价值观和认同指数都不一样。就对自身的认同感来说，每个人对自己的认识度也都不一样。

有的人自卑、有的人自满、有的人有自信得刚刚好。这样的意识形成，都来自自我价值观的体现。孩子的自我价值观也影响着孩子的自我认同感，过分的自信和自卑都不是正确的自我价值观体现，要让孩子积极向上却不浮躁，就需要让孩子形成一个正确的自我价值观认知度。

早期的价值观的形成，对孩子未来的成长道路起着引导作用。如果孩子的价值观不正确、自我认知度也把握不当的话，那么后果将是无法预计的。

★★ 真实案例——助人为乐的童童

爸爸最近觉得童童很不对劲，突然变得很有爱心起来，经常去楼下帮老年人做家务，平时出门看到要饭的残疾人，还缠着爸爸非要给钱不可。

爸爸虽然认同童童的做法，但还是很好奇是什么让童童突然有了这些行为，于是找了个时间准备和童童好好谈谈。在谈话中爸爸了解到，原来是童童参加了学校的志愿者团队，在志愿者活动中，童童了解到了助人为乐的快乐，并且学会了去关怀别人的痛苦，所以最近才有了这么大的改变。

★★ 价值观的形成

俗话说得好“从小偷针，长大偷金”。古代有一个人，就是因为小时候偷了别人一根针之后，竟然受到母亲的表扬，从此之后认为偷盗是正确的，于是一发不可收拾，以至于走上了一条不归路，最终被判处斩刑。

要知道孩子的自我价值观最早就是受到早期父母的价值观影响，这也就是父母榜样作用的另一种体现，除了行为习惯或是性格特征以外的另外一种类似于“遗传”的现象。这也就是价值观的延续和影响作用。

因此，要想孩子的自我价值观正确和健康，首先家长就要看看自己的价值观是否正确和积极。如果家长的价值观是不正确的，那么孩子也很难走上正确的道路。家长必须以身作则，不要因为自己的价值观有偏差，而造成孩子的自我认知度不正确。

★★ 小心矫枉过正

很多家长会这样教育孩子：“好好读书，不要跟人比吃比穿。”“学习好的人才有用。”“不要跟人攀比，自己努力学习。”这些话都是常被家长拿来教育孩子的。当然，大多数这样教育孩子的是年轻父母的上代人，但是也不可避免现在的一些父母也这样教育孩子。

家长希望孩子养成好的价值观是正确的，但是切忌不能矫枉过正。平时应该思考一下，在孩子的生活中，是否因为物质和经济原因出现过自卑的情绪呢？真正负责任的家长，不应该只知道一味地要求孩子追求精神和知识，而因为自己给不了孩子物质方面的东西，就灌输给孩子物质不要和人比的思想。

家长们以为孩子受到自己的“洗脑”之后会只追求学习，不会因为物质方面不如别人而产生消极抵制，其实，现在的孩子都普遍早熟，家长越是这样对孩子的思想进行灌输，孩子反而还越是向往物质，在发现物质条件不如别人时会产生极大的心理落差。

物质基础决定上层建筑，家长有责任为孩子创造一个好的学习和生活环境。当然，这不是说要让孩子过所谓的奢侈生活，但起码要做到其他孩子普遍有的东西，自己也要主动为孩子准备好，不要给孩子一种别人都有就我没有的负面情绪。尤其是在孩子学习的过程中，学习需要的任何工具家长都应该尽量为孩子做好准备，试想，你不给孩子枪，又如何让孩子去打仗呢？

人是应该有正确的价值观，不能完全追求物质。可父母如果强行灌输孩子不要跟人比较外在物质条件这种思想的话，那其实是一种推卸责任的表现，是对自己的一种解脱。“你一定要有本事啊，别像爸妈一样。”很多事业不成功的父母会对孩子说这样的话，这句话看似是在鼓励孩子，实际上已经是在暗示孩子“你的父母不如别人的父母”。这对孩子首先就造成了一种心理落差。

家长要孩子按自己的要求学习，要孩子成为优秀的人，同时还时刻要求孩子不要追求物质。这常常造成一些孩子，在需要必备的学习器材和用品的时候，都不敢开口跟父母提，认为这样的要求似乎就违背了父母教导自己和灌输自己的原则。

★★ 亲子互动建议

○对孩子正确价值观的培养。家长应该经常为孩子灌输积极向上的观念和事迹，对孩子的心理、思想和道德上全面培养。不要把消极的思想和不正确的价值观有意识或无意识地灌输给孩子，切勿因为自己的失误造成孩子价值取向的误差。

〇培养孩子客观地认识自我。要让孩子学会正确地看待自身的价值和优势、劣势等。让孩子养成客观看待问题、看待自身的好习惯，学会自我批评和肯定。让孩子懂得如何在自我认知的过程中知道自己的优点，看清和改变自己的缺点，在自我认知的过程中使自己进步。

★★亲子互动测试第25环

测试：如何让你的孩子三观端正

所谓的三观指的就是人生观、价值观、世界观。一个三观端正的孩子，才会对生活充满了爱，对生命充满了激情，才有可能健康活泼地成长。而一个三观不正的孩子做事做人都会偏离基本的社会道德要求，一不留神就可能做出让父母和自己都悔恨终身的事情。

但是塑造一个人的三观是一个漫长的过程，作为父母如何能够确保和孩子能够有足够的交流呢？这里来介绍一个有趣的方法，即交换日记。

按照下面的格式用打印机打印一本日记本，每周或者不定时父母和孩子就交换一次彼此的日记，有什么想说说不出口的话，有什么想和对方分享的话都可以写在这本日记里。

通过这样交换日记的模式，父母可以更多地了解自己的孩子，孩子出现了错误的念头时可以及时予以纠正，并且加以正确引导。不用担心因为自己的疏忽，在无意间已经导致了孩子的错误。

孩子的日记簿

名字：　　特征：　　照片：

日期：　　天气：　　心情：

内容：

爸妈的日记簿

名字：　　关系：　　照片：

日期：　　天气：　　心情：

内容：

—第三节　语言表达与信心—

人是社会动物，像鲁宾逊那样完全与世隔绝是不可能的。就算一个人没有父母没有亲戚没有老婆孩子，他至少还有同事、有邻居，需要外出购物，需要与人交流。我们需要培养的，是一个在独立生活时，也能够过得很好的天才儿童。所以除了勇气，与人交流的本领也是他们必须掌握的。而与人交流的核心在于理解他人的想法和表达自己的想法，这必须具备足够的表达能力。

孩子的想象力往往都很丰富，但是他们的表达能力却并不见得都很棒。这跟家庭环境有直接关系——如果父母双方都是很能说会道的人，那么孩子多半都是个口齿伶俐的人。相反，若家长本身就不善言辞，平时在家话也很少，孩子不太善于表达自己想法的几率就会更大。

或许有的家长会觉得，沉默是金，少说少错，孩子话少一点也未尝不可，至少看起来很乖。而那种成天碎碎念没完没了的孩子，反倒会让人觉得心烦意乱。

其实这是家长们的一个思维误区——因为语言表达能力差的孩子，体现出了一个很重要的问题，那就是他们往往缺乏自信，他们不是不想说，而是不知道自己是否有说好一件事的能力。可以说一个孩子的语言表达能力达到何种程度，与这个孩子的自信程度是成正比的。通常那些比较自信的孩子会表现得比较开朗，他们通过愉快的交流体验得到更多的自信，自我表达能力也就得到显著的提高，可以轻松地表达自己的想法。

★★ 真实案例——一鸣惊人

小宁皓刚转学到启明幼儿园的时候，班上很多人还以为宁皓是个小哑巴，因为来的第一天老师点名，每个人都举手答到，只有小宁皓一声不吭。老师很奇怪，明明教室是满的，为什么会有一个学生不在呢，老师反复点了几次名，宁皓就是坚持不回答。最后老师只好发动全班小朋友一起来把宁皓找出来，在全班小朋友都热火朝天的时候，宁皓憋红了小脸但就是不说话，很容易便被小朋友们找了出来。

老师很奇怪这个孩子脸上的羞愤，一个5岁的孩子怎么会有这样的表情呢？老师一开始也以为宁皓是哑巴，所以阻止了其他小朋友们的起哄，担心伤了宁皓的自尊心。但是老师认真观察以后发现，宁皓不仅仅是不说话，除了吃饭的时候他连嘴都不愿意张一下。

老师正准备这两天去家访的时候，一群小朋友围着宁皓嘲笑他是小哑巴。其中一个小朋友边唱边拍手，说宁皓是哑巴，宁皓爸爸是哑巴，宁皓妈妈也是哑巴。小孩子有时候就是喜欢恶作剧，老师赶紧上前准备阻止这些孩子的时候，宁皓抡起小拳头就打了过去，一群孩子打成一团，老师好不容易把宁皓和其他孩子拉开，没想到老师怀里的小宁皓这个时候开口了："我不是哑巴，我爸爸妈妈也不是哑巴。"

老师又惊又喜，喜的是这孩子竟然会说话，惊的是为什么这孩子非要逼急了才开口呢。老师当天就去了宁皓家家访，跟小宁皓的爸爸妈妈谈过以后，老师终于找到了问题的症结。原来宁皓的爸爸妈妈都是比较沉默寡言的人，平时的教育态度也比较粗暴。带着宁皓出去的时候总是告诫宁皓不要说话，少说话，别插嘴，还跟别人说宁皓这孩子不爱说话，这才养成了宁皓沉默寡言的习性。

老师和宁皓的家长好好沟通以后，家长也发现了自己教育的问题，开始配合老师培养宁皓主动说话的能力。一年以后，在离开幼儿园升小学的毕业晚会上，宁皓深情地朗诵了一首自己写的诗，赢得了整个幼儿园小朋友和老师们的掌声。

★★ 点燃他说话的欲望

所以如果你想让你的孩子成为孩子中的佼佼者，一定要尊重孩子的诉求愿望，第一要让他说，就算你是个沉默的人，但对于孩子的言论要宽容。不要去告诉他哪些地方说得不对，而是要告诉他哪些地方说得对！对于很多孩子来说，最初在拥有语言诉求欲望的时候，很容易得意忘形，但是也很容易被父母的斥责浇灭了热情，所以父母的责任就是让孩子的语言诉求欲望燃烧起来，让他知道自己很棒。

★★ 亲子互动建议

○优化家庭里的谈话氛围。如果爸爸妈妈都是喜欢聊天沟通的人，那就最好不过了。如果你们平时彼此在家的话都不是特别多也没关系，我建议可以在每天晚饭后开辟一个“讨论时间”。这个时间里，可以每个人都说一说自己今天遇到的趣事或者烦心事，如果真觉得没什么好说的，那么就给家人讲一个故事。父母都以身作则了，孩子的话匣子就很容易被打开。

○尊重孩子的谈话，适时予以鼓励。我们都知道，自己在发表意见的时候，最需要的是对方的认同。这个时候，我们会有一种沟通成就感。孩子也是如此。所以在他们谈话的时候，你不妨适当地表示认同，或者对他的某句话提出一点自己的看法，这样孩子会觉得自己说的话被你们听进去了，进而逐渐喜欢上表达自己想法的感觉。需要注意的是，你可以提出不同意见，或者转移孩子的注意力，但是尽量不要去否定他。

○加强孩子的阅读能力。要让孩子的语言能力有所提高，首先要让孩子学会说话。阅读能锻炼孩子说话时候的吐字、发音和说话速度。每天晚上睡觉前，可以跟孩子一起找本好书来看，不光看，还要朗读出来。可以父母朗读一两段，然后让孩子接着朗读。久而久之，他的阅读和谈吐能力会得到同步提高。只要你坚持，这几个方法带来的效果一定会让你感到惊喜！

★★ 亲子互动测试第26环

测试：言传身教的作用

在和孩子的交流过程中，无论是直接命令还是以身作则都有着特殊的意义，孩子天生喜欢模仿父母，所以父母必须做好正面榜样，才能保证孩子也有样学样。但是如果缺乏父母的语言要求，仅仅只是父母在独善其身，也会让孩子产生疏离感，导致一些不好的影响。

下面有四幅图，请按照你理解的先后顺序进行排序。

A　　B　　C　　D

图5–2

测试解析：

A代表的是亲子关系，将A放在第一位的人对于家庭关系很重视，所以父母的言行会对这种孩子产生更加剧烈的影响，一些你不以为然的小问题，会变成孩子心中的大真理，所以要注意自己的一言一行，不要轻易责怪你的孩子“不懂事”，他不懂事首先就是你教育不到位。

B代表的是个人意志，将B放在第一位的人比较喜欢独立特性，经常会做出一些比较叛逆的行为来，作为父母应该给这种孩子灌输基本的善恶观念，但不必对细枝末节太过较真，比如孩子偶尔不做作业，这些不用以是非观来要求孩子，避免引起孩子的逆反心理。

C代表的是人生追求，将C放在第一位的人很在意自己的个体发展，希望将来能够做出一番比较优秀的事业，所以在行为处事上面有些为达目的不择手段。作为父母应该教育好孩子正确的言行，能够给孩子带来更多的成功可能，歪门左道是一时辉煌但必然不会长久。

D代表的是人际关系，将D放在第一位的人很在乎别人的眼光，往往喜欢按照社会要求的行为去做事，但是可能缺乏自己的价值判断，在没有人注意的时候就会犯错。作为父母应该让孩子抛弃侥幸心理，真正深刻认识到对错的缘由，不至于为了一点小利益丢失了自己的价值观。

—第四节　成功者的气魄—

如果你把天才的定义局限于智商超过150分的孩子，我只能说这样的定义太狭隘了。

人生不是智力测试，只要分数高就能得到一切。在人与人的交往过程中，智商有时候不值一提，甚至会给人生带来反作用。很多人，他们智商很高，学历很高，可是走出父母的保护圈后，却被社会打压得喘不过气来。有的人看似驽钝，甚至只有小学、中学的文化水平，却在社会上混得风生水起，前途不可限量。

比如吉利汽车掌门人李书福，见过他的人都觉得这是一个看起来很木讷的人，更谈不上什么聪明绝顶，但就是这个从19岁开始拿着120元钱创业的人，创办了中国最大的民营汽车企业，还把百年汽车老牌沃尔沃收入囊中。如果把他定位为经商的天才，一点也不为过。

不能说智商的用处不大，但如果我们的父母希望让孩子成为真正意义上的天才，成为走入复杂社会后依然能够顺风顺水的人，除了智商，还有一样东西你必须交给孩子——面对挫折和挑战的勇气。

★★ 真实案例——甜甜的气度

甜甜从小就是家里的小大人，几乎什么事情都能自己完成，哪怕是一些家长会觉得不适合孩子做的事情，尤其是不适合女孩子做的事情。甜甜的父母偶尔也有一点担心，但很多时候还是放手让她去做自己感兴趣的事情。

别的孩子还在父母膝下撒娇的时候，甜甜正站在自己的小板凳上修坏了的小台灯。

甜甜的父母最多在她做一些有可能遇到危险的事情时，在旁边默默地守着她，告诉她危险的地方在哪里。甜甜从小就和别的孩子不太一样，她的独立能力非常强，经常让邻居们啧啧称奇。

而这一类称赞的话也起了激励作用，甜甜的动手能力进步飞快，有时候还能搞定父母都不会的事情。

甜甜的这种独立能力给她带来了很多优势，当她读小学的时候毫不犹豫地竞选了班长，几年工作下来，连老师都夸她是最好的小领导。

所以如果想让你的孩子拥有成功，不要去过度担心她，放手才能成就强者。

★★ 从小培养孩子的气量

很多时候家长都会忽略了孩子的气量教育，要知道孩子最终也是会成为大人的，如果你始终舍不得放手，就会让他习惯了在你的照顾下生存，他就会越来越懦弱。而现代社会，一个没有独立能力的人，迟早会变成一个被社会淘汰的人。

孩子的气量怎么培养，最重要的就是要信任孩子的能力，不要轻易阻止孩子去做他想做的事情。

孩子会在自己的探索中找到自信，会明白自己的能力有多么强大，一个相信自己的孩子才是人格完整的孩子，不要怕让孩子冒险，你应该怕的是孩子面对困难的时候却屡屡“不争气”地往后退。

★★ 问题在哪里

我想没有几个家长能像甜甜父母那样做吧，因为我们总是觉得孩子太小了，还无法胜任这么“危险”、“困难”的事情。于是，在孩子面对挑战的时候，我们会给予他保护，会越俎代庖帮他搞定麻烦。然而恰恰就是这种不必要的保护，剥夺了孩子自己处理问题的机会。于是他会觉得，遇到问题的时候有父母帮我搞定，自己没必要出马。

所以，还是那句话，孩子出现的问题，其实都是大人造成的！

正确的做法应该是放手让孩子自己去做。当然，家长可以站在一旁指导和预防意外发生，但是一定要让孩子自己去尝试解决困难。这样，他们的勇气才不会流失。

★★ 支持者的扮演

孩子只有在自己作主并且没有成人给予压力的情况下，才能体现主动性、独立性和创造性。如果成人的介入和指导变成了对幼儿自主学习的控制，通过成人去导演和指挥，也就无“自主”可言了。

支持者的角色，就是在孩子学习的过程中，在不必要的情况下不要插手对孩子进行指导或多加言语的批评，只需要观察孩子的举动，在孩子需要的时候默默地给予支持，在孩子进步或者有所突破的时候，给予适当的眼神或者言语的鼓励。

一个孩子在得到父母支持的时候，会有一种发自内心的满足感。当父母以支持者的身份站在孩子身边的时候，给孩子的往往是一种自豪感，认为自己有一种被崇拜和赞许的感觉。

要为孩子营造一个宽松、自由发展的心理环境，让孩子自然发展、自我创造和自我实现，孩子和家长所处的是一种新型的伙伴关系。家长和孩子一起玩耍、一起学习，是一种对话关系。只有这样，孩子才会真正地喜欢并主动参与学习。

如何扮演好支持者的角色，是家长需要掌握的技巧，一旦掌握好技巧，就会在对孩子的教育和沟通问题上事半功倍。

★★ 亲子互动建议

○精神上的支持。有时候家长的一个眼神，或者一个动作都会对孩子产生很大的影响。家长一个肯定和赞许的眼神，往往会让孩子倍受鼓舞，而鼓励的方式是多样的，“好棒啊！”或者“真了不起！”这样充满崇拜色彩的言语更是会让孩子信心倍增。

○物质上的支持。现在这个社会，教育产业化的趋势越来越明显，学习的道路必然也就离不开物质和经济基础做后盾。孩子在学习的过程中，家长不仅要给予精神上的支持，在物质上为孩子准备好学习需要的工具、教材等，也是家长非常有必要准备的事情。

○培养孩子的自我意志。你再爱你的孩子，你也要明白孩子将来是会离开你的，所以越早培养孩子的自立能力，对孩子的将来帮助越大。孩子其实很容易出现好奇心理，他们精力旺盛，对什么都充满了挑战心，父母加以适当地引导，就能帮助孩子培养起自我意志。

○给孩子足够的空间。很多父母都低估了孩子需要的个人空间，家长觉得孩子不懂事，就用自己的思维去限制孩子，让孩子被迫接受被束缚的局面。孩子的世界跟大人是不同的，如果你希望自己的孩子有所成就，你就应该保留他成长的空间。

★★ 亲子互动测试第27环

测试：支持的力量

这一节我们先来做一个小实验，家长最好能够和孩子一起来做。

第一步：准备一个马蹄形磁铁和一盒曲别针。

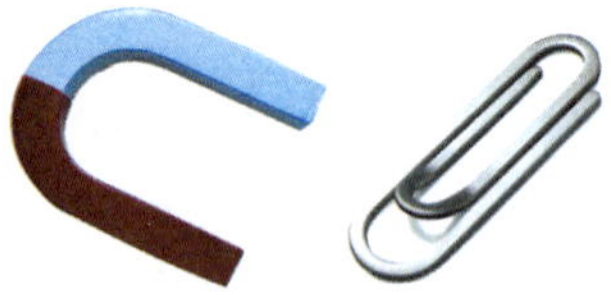

图5-3

第二步：将马蹄形磁铁如图5-4所示挂在桌上。

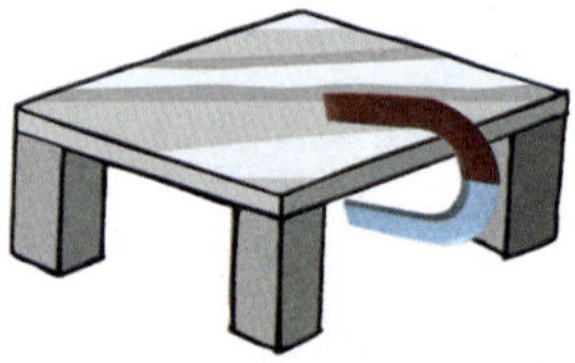

图5-4

第三步，将曲别针尽可能地挂在磁铁低端，并且一个接一个地衔接下去，直到没有磁力能够粘住为止。

图5-5

这是一个不算复杂的小游戏，在这个游戏中我们可以发现一个规律，离磁石的两头越远，磁铁的磁力就越弱，在马蹄形磁铁最圆润的那一头，平行的曲别针感受到的磁力已经非常微弱了，几乎挂不住一个曲别针。

同样的道理运用到亲子关系上也是一样的，父母的支持必须要让孩子感受到才有价值，有些父母觉得自己是支持孩子的，只是不擅长表达。殊不知一个根本不表达的爱，哪里还谈得上什么爱，那只是你心中的一个想法而已，所以如果你爱你的孩子，一定要让他切实地感受到你的支持，你的表达越是“贴切”，他感受到的“磁力”就越是强大。

—第五节　自信的基石—

刚才我们说，天才的孩子一定要有出色的沟通力，而沟通力的背后，则是孩子是否有足够的信心。

但是信心这个东西是很玄妙的。有人说，有信心不难，难的是把握好信心的分寸。没有信心的人肯定不会招人喜欢，可如果过分自信，就成了自负，自负的人同样是很难被人接纳的。

但对孩子来说，自信的培养显然更加重要。毕竟要先有这东西，再说如何去把握分寸。孩子的内心往往比较脆弱，而且他们正处于人格成长期，这时候如果没有呵护好他们的自信心，带来的负面效应往往是长久并难以磨灭的。

或许很多家长心中都会有类似的疑问——我知道自信心对于孩子来说非常重要，可如何才能让孩子自信呢?

其实所谓自信，简单来说就是自己认同自己。

但要自己认同自己，首先需要一个前提，那就是自己被周围的人认同。因为从心理学的角度来说，每个人对自己的认知过程，其实是建立在别人对

“我”认知的基础之上的。换句话说就是，我们会因为周围的人都觉得自己是一个“好人”，而认定自己是“好人”。如果周围的人都说，“你这个人很自私，完全不顾及别人的感受”，那么久而久之，你也会认同别人对自己的这一评价。

所以，建立孩子信心的基础，就是要让孩子感觉到自己被认同和肯定，让他们感觉到自己的价值和存在感。

★★ 真实案例——天乐的自信心

天乐的爸爸妈妈很注重天乐的自信心培养，天乐的爸妈都是比较开明的人，他们很欣赏美国式的教育方法，所以也用RobertRosenthal Effect的方法来教育天乐，天乐一直都处在信心十足的环境之下，他一直相信自己比别的孩子更优秀。再加上天乐爸妈的正面疏导，天乐的自信并没有转化成脆弱的自傲，他虽然看到别的孩子有些地方比自己强时也会不服气，但是并不会因此而倍受打击，甚至彻底失去自信。

但是这一次天乐爸妈要调到省城去工作，天乐的转学问题让爸妈有些担忧，毕竟省城的教学环境和小县城完全不同，在小县城里面天乐可以保持那份自信，但是到了大城市，这份自信要怎么来维护呢？大城市里的孩子吃的、用的、玩的都比天乐平时接触到的高级太多，爸妈很担心突然让天乐进入这样的环境，会让天乐变得自卑，进而变得虚荣。

转学以后爸妈花了更多心思在天乐身上，不像别的父母灌输孩子“跟同学比就比学习”那一套理论，天乐的爸妈给了天乐更多的关怀，在物质上不让天乐比学校其他孩子的平均水平差，让天乐首先不会在物质上产生自卑。然后鼓励天乐去班上参加活动，去组织各种表演，主动去跟同学们讲县城特有的那些趣事，很快天乐就和班上的同学们打成了一片。

而真正让天乐得以顺利融人新环境的关键，就是天乐爸妈从天乐小时候起就很注意培养的天乐的自信心。天乐正是因为相信自己，所以才能不畏惧新的环境，才能配合爸妈一起，努力去融入这个环境，并最终和这个环境打成一片。

★★ 罗森塔尔效应

罗森塔尔效应又叫皮格马利翁效应，指的是期待所能产生的效应，应用到实际中就是父母的鼓励对孩子的作用。

要让孩子的自信心有所提高就必须依靠家长的鼓励，一些家长只知道一味地严格要求孩子，对孩子的要求往往会过于苛刻。这样看似是对孩子的要求高，实际上反而会对孩子造成强大的精神压力，使孩子自信心逐渐减退，对孩子的成长造成极大的负面影响。

适当的鼓励会让孩子精神振奋，对孩子自信心的提升会有很大程度的帮助和推动作用。这远比对孩子的训斥来得有用的多。鼓励会让孩子得到一种被认同的感觉，这在某种意义上来说好比精神的食粮。“慈母多败儿”、“棍棒底下出孝子”的说法虽然不是完全没有道理，但却不能盲目地完全依照这个准则来对孩子实行魔鬼式的教育方法。

★★ 亲子互动建议

学会夸奖孩子。不要一味觉得孩子做得好是应该的，做错了就是不值得原谅的。作为家长，不要吝啬赞美和夸奖，虽然只是一句话，但那会让孩子备受鼓舞，让孩子感觉到自己被肯定，会让孩子的自信心大增。适当的夸奖会让孩子进步得更快，加强学习的动力。

当然夸奖是需要技巧的，一般来说，夸奖孩子的时候做到这样几点会更有效：

○就事论事——比如“宝贝，你能把我卧室收拾得这么干净，真让妈妈骄傲”。这种夸奖是就事论事的，所以对孩子而言比空洞的一句“宝贝你真棒”更有价值。

○及时夸奖——孩子做了值得夸奖的事情，家长应该在第一时间对孩子表达祝贺和赞美。如果他期中考试得了第一，你在期末考试的时候才想起来夸奖，估计意义已经不大了。

○点到为止，不要过分赞美——夸奖就像是糖，吃一点味道很好，吃多了就腻了。所以如果你每天都在夸奖孩子，孩子就不懂得去享受赞美带来的认同感。时间久了，当他听不到夸奖的时候就会觉得不痛快，反而会造成更大的麻烦。

○给孩子尝试挑战的机会。前面我们说过，让孩子变得勇敢，最好的办法就是给他接受挑战的机会，不要用父母的保护剥夺孩子的这种权利。比如让他独立做饭，自己外出帮家人采购等。这不仅是在锻炼孩子自我挑战的能力，更重要的是，他每取得一个新的成绩，这也给了父母最好的赞美时机，这时候的夸奖和鼓励，比他完成一件对自己而言毫无难度的事情后给予夸赞更有价值，更容易让他喜欢上自己克服困难的感觉。

○只帮忙不代办。当然，不是所有挑战都那么容易被克服的。当孩子遭遇自己无法完成的挑战时，家长更要鼓励孩子。你可以引导他把大的问题分解成为一个个细小的步骤，每当他完成一步的时候，就给予一次及时的鼓励，即便最后可能还是需要父母的帮助，但在挑战的过程中，他已经获得了足够的认同感，这对孩子来说未尝不是一件好事。

○“对孩子放手”。说起来简单，真正做到的家长却没有几个。家长们大多从孩子的教育到孩子的生活细节，件件事情都无微不至的亲手为孩子打理。但就在家长为孩子如此“付出”的时候，往往却忽略了一件重要的事情——孩子真的希望你如此“关心”吗?

孩子的出生是父母这代人生命的延续，孩子的教育则是上一代人教育方式的延续。中国的传统教育就是尊老爱幼，而这个“爱幼”的方法也是承载了上一代人爱的方式。在这样的爱护方式下，孩子的独立性和自理能力完全得不到提升，而家长却浑然不知问题蔓延到了下一代的身上

只有家长对孩子“放手”，孩子才能真正得到成长，否则在家长捆绑式教育下的孩子根本不可能独立起来。

★ ★ 亲子互动测试第28环

测试：孩子你已经觉得压抑了吗？

作为父母，你能否感觉得到孩子的压抑呢？作为孩子，你是否觉得父母控制得太严了呢？其实每个人都有过做孩子的时候，而每个人做孩子的时候都不希望被管得太严，而且从“严管”中走过来的人都应该清楚，并不是严加管教不好，但是严加管教的效果并不算好。

下面我们来做一道测试，还是找马，只是图片不同了，现在就看看你能从这幅图中找出多少匹马。

图5–6

测试分析

1.除了画面正中的马，最先找到左边绿色苔藓组成的那匹马。这匹马处在阴暗中，并不容易发现，当你的视线被黑暗所吸引的时候，你的内心也已经被压抑成了黑暗。也许这种压力来自你的父母，也许来自其他的环境因素，但是你现在需要解开心中的压力，不要再让自己被阴郁的情绪影响。作为孩子的父母，面对先找到黑色马的孩子，应该先反省一下自己是否对孩子已经过于严格，甚至超过了孩子的承受范围。

2.除了画面正中的马，最先找到背景云彩中的那匹马。你的眼光追逐的是天空和云彩，你的心情总之不会太糟糕，你渴望更自由，但其实并非不自由，自由的感觉让你非常愉快。作为这种孩子的父母，你的孩子并没有被压抑得“窒息”的征兆，可见你的教育还是很成功的。

—第六节　小心虚荣的萌芽—

孩子需要自信，但是孩子不能自傲，自信是一个孩子成长的营养，而自傲就是让孩子自我膨胀的多余脂肪。很多家长在教育孩子的时候不但没有达到让孩子有自信的目的，反而让孩子变得骄傲自满，这是因为这些家长的教育方法出了问题。

现在很多孩子都是家里的小祖宗，无论是70后的父母还是80后的父母，大部分在对待孩子这个问题上，一方面想要学习欧美的开明，另一方面又学不来欧美的独立。这就养成了溺爱孩子的坏毛病，全家往往爸爸妈妈爷爷奶奶外公外婆六口人围着一个小孙子打转，让孩子从小就觉得自己是地球的中心，那么多大人都对自己言听计从，这就在心态上出了问题。当他第一次进入“社会”——比如幼儿园的时候，就会陷入一种恐慌中，一方面在家里养成的颐指气使的习惯让他很自傲，另一方面幼儿园人人都是小祖宗的气氛让他很自卑，这就会让孩子养成虚荣心理，无所不用其极的去和同学们攀比，一个引导不好，孩子就会学坏。

★★真实案例——“永远正确的孩子”李婷

李婷是个早慧且可爱的孩子，小学时没有上二年级直接跳入了三年级。跳级之后，成绩依旧名列前茅，成为了小区里家喻户晓的小神童。

由于年纪比其他同学小，成绩又好，李婷非常讨老师的欢心，老师经常用她做为正面典范教育其他同学。这样的情况令李家父母感到脸上生辉，言谈之中也颇为自得，经常当众夸奖李婷，一方面作为对孩子的鼓励，另一方面也是在自我炫耀。年幼的李婷耳中，充斥的永远都是老师的夸奖、父母的夸奖，以及同学家长的夸奖，同样夸赞她的，还有小区的邻居。

她逐渐以为自己永远都是正确的，李婷越来越喜欢用教训人的口吻说话。这导致了她的朋友对她越来越疏远，但是她的父母认为："这是别人家孩子在妒忌她的领导才能"，李婷深受此观念影响，从未想过要改变自我。一个12岁的孩子逐渐被同伴所孤立，而她也越来越孤芳自赏。

假期的时候，隔壁张大妈家读研究生的外甥来探望她，整理论文资料时，顺口和同学闲谈起了一些专业知识。李家父母恰好带着李婷过去拜访，李婷立即对两人正在谈论的问题大肆批判。两位研究生原本还耐心地给这个小妹妹讲解一些专业的基本常识，但是随即李婷就跳起来："我在班里考试是第二名，全年级第五名，你们有什么资格教训我？"大家都愣住了。两位学生随即大笑起来。虽然他们没说什么，但李婷的父母能从笑声中听出别人的意思——"这孩子怎么教得这么脑残！"

李家父母这时才突然意识到：自己的女儿什么时候变得如此没有教养甚至可笑了呢？

★★ 鼓励不等于没有惩罚

很多家长对鼓励教育理解的非常片面，只知道要"鼓励"，可却不知道怎样去"鼓励"。

比如，有的家长只看到孩子优秀的一面，然后一味地进行鼓励。有的家长甚至不分青红皂白，不管孩子有没有做对，都是一口气地赞美。可他们没有想过，鼓励过度会让孩子变得不知所谓，不知道自己的身上还有需要改进的地方。而后者就更可笑了，如果孩子犯错误，甚至是同样的错误连续犯多次的情况下，家长还盲目的只知道鼓励的话，那么只会让孩子觉得“原来我这么做是对的”。一旦造成这样的结果，再想要改变就很难了。

赏识教育本身是很好的教育工具，但是凡事皆有两面性，如果赏识得不当，就会让孩子成为自我中心很强的人。这样日后他在与人交往的过程中，必然会遭遇严重挫折。若再加上无法自我调整，很容易从膨胀的极端走向挫折自卑的极端，甚至不排除会造成人格的扭曲。

所以，除了把握前面提到的赞美诀窍以外，适度的惩罚和警告也是必需的。像案例中李婷那样的孩子，纵然她的优秀点很多，但是父母依旧应该适当地从她身上挑一些毛病，让她知道人无完人，天外有天。

★★ 亲子互动建议

有惩有罚才是教育指导。孩子家长在对孩子的批评和鼓励的态度、程度和次数上都要把握好度。不过，每每提到“度”的时候，不少家长就会很头痛，觉得太虚了，根本不容易操作。

那么，怎样才是比较合适的“度”呢?

其实，所谓的“度”，不是说你一周必须要批评孩子几次，赞美孩子几次，而是要掌握好方法——既让孩子受到触动，又不至于造成他的逆反心理。

我们不妨先看看错误的惩罚方法：

○发现孩子做错事就打——这是极端幼稚的惩罚方法。因为每个人都是趋利避害的，孩子更不例外，如果他们发现自己只要不合父母心意就会挨打，很容易会选择欺瞒逃避等消极方法对待父母，从而避免遭受皮肉之苦。在家长看来，可能孩子变乖了，实际上却往往是孩子隐瞒了很多事情，直到更大的问题浮出水面。

○在别人面前打孩子——人都要面子，孩子也不例外。如果你关上门打他，或许都还好说。可有些父母不知出于什么目的，总是喜欢在别人面前教训自己的孩子，尤其是对10多岁进入青春期的孩子来说，这是极大伤害自尊的行为，他的反抗不可避免。

○打完孩子，强迫他认错——对孩子而言，打已经是很没面子的事情，还要认错，估计他就更加不服气了。即便孩子迫于家长威严低头了，你能指望他真心认识到自己的错误吗?

从上面几点可以看出，打孩子已经是很错误的方法了，如果再错上加错，惩罚只会让亲子关系恶化，就更别提能够让孩子成为“天才儿童”了。

所以，正确的惩罚手段应该首先杜绝打孩子。

我的建议是可以先跟他沟通，让孩子清楚什么是正确的，什么是错误的，做什么事情父母会很不高兴。这被我称为——限定范围。

当然，孩子毕竟没有大人那么强的自制力，他即便知道了你所限定的范围，也可能因为贪玩或者别的原因“越界”，头两次，你可以提出口头警告，这叫越界沟通，也是给孩子的一个缓冲。

如果孩子继续犯同样的错误，那么就不能姑息了。否则他会觉得你的惩罚只停留在口头上。此时，比较好的方法是停止孩子某样最喜欢的事情，这叫做——“剥夺权利”。比如本来你们周末是要去郊外度假的，孩子也对这个事情很期待，那么你可以因为他犯了错误取消度假计划。这种行为比体罚更能让孩子感受到这样一个信息——如果我犯错，我会付出相应的代价。

有几次类似惩罚之后，相信孩子再做“限定范围”之外的事情时，会好好掂量一番了。

★★ 亲子互动测试第29环

测试：孩子更偏向哪一种思考模式

下面是几组问题，和你的孩子一起来选择你心中的答案吧，看看从细节中暴露的内心秘密。

1.小明是你最好的朋友之一，平时你们经常也会互赠礼物。有一天小明拖着一个行李箱来找你玩，他告诉你箱子里放着给你的礼物，并且他相信你一定会喜欢他送你的礼物，现在来看看下面这些箱子，你觉得他拖的是哪个箱子呢？

A　　B　　C

绿色的箱子　　红色的箱子　　蓝色的箱子

图5–7

选A的直接去题目2，选B的直接去题目3，选C的直接去题目5。

2.箱子送到了你的手里，小明让你赶紧打开箱子，看看他给你的礼物你是否喜欢，你觉得如果你打开了箱子，将会看到什么样的礼物呢？

A　　B　　C

有趣的食物拼盘　　精致的工艺品　　恶搞的小玩具

图5–8

选A的直接去题目5，选择B的直接去题目4，选择C的直接去题目3。

3. 你并不是很喜欢小明送的这个礼物，但是这份礼物现在已经被打开了，小明一脸期待地看着你，这个时候你打算怎么办呢？

A

表现得很郁闷

B

依然表现得很开心

C

淡定的表情

图5–9

选择A的属于第二种思考模式，选择B的去题目4，选择C的去题目5

4. 你的爸妈知道了小明给你送了礼物，而且还是价值不菲的重要礼物，这个时候你的爸爸妈妈会怎么做呢？

A. 也让你给小明准备一份礼物

B. 让你收下礼物即可

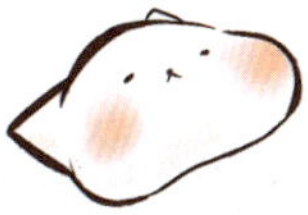

C. 收下礼物且告知你要和小明做好朋友

图5–10

选择A的直接去题目5，选择B的属于第三种思考模式，选择C的属于第二种思考模式。

5. 小明走了那么远的路把箱子给你拖过来，你觉得他把箱子给你以后，接下来会怎么做呢？

A

找你陪他出去玩

B

来你家休息

C

送完礼物就回家了

图5–11

选A的属于第一种思考模式，选B的属于第三种思考模式，选C的属于第二种思考模式。

第一种思考模式：这种人思考的方式可以说是非常单纯，而且骨子里充满了乐观的情绪，总是对一切事物抱有比较乐观的态度。这种人一般不存在人际交往上的障碍，而且朋友圈比较广泛，其中也有很多值得信赖的人。倾向于这种思考模式的孩子，作为父母应该不要太过溺爱，给孩子多一点私人空间，让孩子自己一步一步去了解这个世界，然后再加以正面的辅助即可。

第二种思考模式：这种人思考的方式有些消极，常常会有利益受损或者其他比较阴暗的想法，作为父母而言要给孩子多创造积极的环境，在遇到问题的时候尽量给孩子一些更阳光的解答，让孩子能够被积极的情绪感染。可以去做一些志愿者帮助别人，也可以让孩子多参加适合自己的活动，帮助孩子建立自信和信任感，至少应该向孩子传达学会信任才能够收获信任的观念。

第三种思考模式：这种人思考模式倾向于理智，不会抱有太高的期待但也不会盲目消极，做人做事都比较怕麻烦，在和朋友交往的时候经常都处在为了做而去做的状态，主动性不太强，但是性格很好，在朋友圈中口碑还不错。作为父母而言不用太担心这种性格的孩子，他能够很好地处理自己的人际关系，而且考虑事情比较理智周全，只是注意不要让他忽略了人情关系，过于关注自己的空间，缺乏和人亲密交往的能力就可以了。

6 CHAPTER

第六章 给孩子一片自由的天空

—第一节　自由的空间—

如今社会，购房问题给年轻的父母造成了极大的压力，很多时候由于经济条件的限制，住房条件也就相对的具有局限性。很多孩子甚至长期和父母睡在一个房间，住房问题对孩子的成长产生的影响不容忽视。

很多时候，住房条件不是父母们想解决就可以解决的问题，这必须结合实际情况，但父母要在有限的条件下为孩子提供一个属于孩子的空间，哪怕只是一小块属于孩子自己的个人空间，这并不是很难办到的。让孩子拥有属于自己的私人空间，哪怕这只是一个角落，但是都会让孩子有种无法言语的满足感。

为孩子在家里装饰出一小块属于孩子的“秘密基地”，让孩子呼吸到完全属于自己的自由空气。

★★ 真实案例——我的翅膀

张家新买了房，虽然是个小户型，但是对这家工薪族来说，分期付款还是令他们感到力不从心。最近张家父母又添了新的烦心事，张梁——他们的宝贝儿子，迷上了介绍伞兵的书，经常爬到家里的柜子上打着雨伞跳上来。父母见了吓得要死：“你这孩子要是磕碰坏了，我们还得卖了房子给你看病！”妈妈一气之下，撕了科普书，把张梁暴骂一顿。听见孩子伤心哭号的声音，父母也阵阵内疚。

几天之后，张家偶然在网页上看到了复式家具的介绍，张家父母突然想到了解决问题的办法。他们立刻花钱买了一张复式小床，把它添置到小书房的书架上方。张爸爸到公司里讨了些装修后不要的塑料泡沫，将小书房里的所有棱角都包裹好，又把施工剩下的一些草垫子拖回了家。张妈妈虽然很不高兴，但是一想到可以腾出一间睡房作为客厅，也愿意尝试改装一下。夫妻两人在楼下把草垫子的灰扑打干净，垫上棉花，在表面缝上了几张旧床单，铺在地上，做成了缓冲垫子。

张梁回家之后，吃了一惊，张家父母原本担心作了无用功，但是随即听到了一声欢呼："我老爸老妈，天下第一！"

更令张家父母高兴的是：半个月之后，张梁"跳伞"的兴趣消失了，他们的儿子不会因为"跳伞"受伤了。但是张梁仍旧很喜欢这间小卧室＋跳伞室，家里仍旧"多"了一间客厅。

★★ 天才的孩子需要自我空间

其实无论大人和孩子，都需要一个小小的可以让自己独处的空间。大人们可以在这个"自我空间"里遐想、放松，甚至仅仅只是发呆以平复因为紧张工作而疲惫的身心。对于小孩子而言，或许他们不需要平复什么来自于生活的压力，但是自我空间对孩子的作用依旧不容小觑——因为他们可以在这个小小的空间里放飞自己的想象。

我有一位朋友，他们家也不是特别大，孩子的卧室仅有9平方米左右，但是就在这个9平方米大的房间里，她给自己的儿子布置出了一个完全不同的小世界——墙上是孩子最喜欢的太空墙纸。她说，儿子看着这深邃的墙纸，总能激发出无穷的想象力，所以他们现在家里的一个重要日常活动就是晚饭后听孩子讲故事，而孩子的故事，大多数都是跟太空有关。显然，墙纸功不可没。

只有墙纸当然不够，为了节约空间，妈妈给孩子买的是那种上面是床、下面是书桌的组合床。背后靠门的地方还给他买了一个大大的书柜，孩子喜欢看漫画，也喜欢画漫画，所以她在书柜里放置了许多优秀的漫画作品，在书桌下放了很多白纸和一整套漫画画笔——对于儿子的兴趣支持，也是这位朋友给孩子的另一种心理上的“自我空间”。

据说，她的儿子最近在全市组织的少年绘画比赛中得了二等奖，而且不少漫画杂志上都有他的作品发表。每每朋友和儿子到我这里来玩的时候，我都能清晰的感受到孩子的满足与快乐。

或许，我们希望的“天才儿童”，最理想的亲子关系，莫过于此。

★★ 亲子互动建议

那位朋友的做法一定会对你有所启发。其实给孩子打造一个属于自我的空间，并不在于你买多么大的房子，给他一间多么大的卧室。对于孩子而言，你的理解和支持，或许才是最好的“空间”。

〇把孩子的卧室布置成他想要的感觉。不少家长在布置孩子卧室的时候，往往会按照自己的喜好来确定风格。比如墙壁的颜色，家具的风格和摆放。其实，孩子可能更喜欢别的风格。所以如果恰好你要重新布置孩子的房间，不妨征求一下他的意见，或者在购买家具的时候带上孩子，听听他的喜好。

〇给孩子一个可以施展爱好的地方。也许像张梁那样酷爱“跳伞”这种另类运动的孩子是少数，但是每一个孩子肯定都有自己的兴趣爱好，比如画画、听音乐、看书……，在给孩子打造房间的时候，不妨留出一个小小的角落，让他能够在这里充分施展自己的天赋。比如给喜欢听音乐的孩子在书架上摆一个CD架，放一个舒服的沙发；给喜欢画画的孩子买一张漂亮的绘画台和一套画笔。

★★ 亲子互动测试第30环

测试：你的孩子有自由的想法吗？

孩子有孩子的想法，家长有家长的想法， 每个人的想法不相同才是最真实的世界，所以家长不用刻意去压抑孩子的想法，同样孩子也不需要花大量心思去揣摩家长的想法。

对于家长而言，培养好孩子最基本的三观取向就足够了，其他时候只要能够以身作则，在孩子出现原则性问题的时候加以纠正就可以了，而很多细碎的理念，没有必要的最好不要去灌输给孩子。应该给孩子自己去解读这个世界的机会，让孩子形成自己独立的想法。

现在我们看到下面的图片中有一个可爱的小兔子，可是它身上什么也没有穿，现在和你的孩子一起来选择，看看你们会给它配上什么样的帽子、衣服和鞋子。

图6–1

帽子：

A　　　　B　　　　C

图6–2

衣服：

A　　B　　C

图6–3

鞋子：

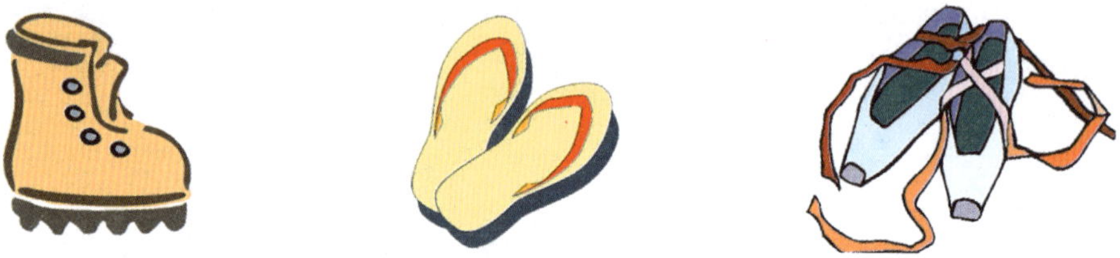

A　　B　　C

图6–4

测试分析

父母和孩子的选择完全相同：父母应该稍微注意一下自己的态度了，很可能已经过度干涉了孩子的自由想法，应该主动创造让孩子发挥独立思考能力的机会。平时不要太刻意把自己的爱好灌输给孩子，应该保留孩子个人喜好的空间，多让孩子跟同龄人接触，让孩子的世界更自由一些。

—第二节　自由的时间—

很多父母对孩子的管教非常严厉，而所谓的严厉甚至已经到了限制孩子自由的程度。这种限制自由，不仅仅是对孩子所处的空间造成限制，在孩子的时间问题上，很多父母也要强加约束，而且约束的范围甚至比空间约束更大。

每个人都需要独处的时间，孩子当然也不例外。正如上节所说，在某一个属于自己的空间里，拥有短暂的可以自己自由支配的时间用来做自己喜欢的事情，哪怕是用来发呆，这对每一个人来说都是非常惬意的事情。孩子其实也有这样的向往和渴望，但现在的家长很多时候都把孩子的时间安排得满满的，每个时间段都为孩子安排了不同的学习内容，即使孩子偶尔的空余时间，家长也要在旁边不停地督促孩子。

★★ 真实案例——失踪的小晴

小晴的父母没有很高的学历，对小晴便寄予了厚望，每天放学时间到了，小晴还来不及吃饭，父母便把她直接送进各种学习班。平时发现小晴呆呆地坐在一边，便急得大声斥责她："你这孩子怎么不知道着急呢！你是在给你自己学习，不是在给爸妈学习！"小晴就只好蔫蔫地回到书桌前坐好，慢吞吞地拿出一本书，开始默不做声地看起来。父母有时看了，恨不得冲上去打她一下，让她学会抓紧时间。

写作课之后是英语课，钢琴课之后是数学课，日常如此，假期自然更是如此。

这年暑假的一天，妈妈做好了晚饭，等着爸爸把小晴从补习班接回家，最后等来的却是爸爸的一通焦急的电话，在话筒中还能听到爸爸与辅导班老师争吵的声音，老师说今天小晴根本没有来上课！

父母急得要死，连忙报警。

几天之后，消息传回来了。令父母哭笑不得的是，她居然是去参加学校组织的夏令营了。

原来父母把她送进培训班的大楼后，小晴就钻进了厕所，等父母走后，她就跑到了学校，和大部队一起去了北戴河。

“你知不知道爸妈多着急？你怎么不说一声呢！”妈妈连声地斥责小晴。

“说了的话，你们肯定不让我去。”

“你！”妈妈一时语塞，但是又决定既往不咎。

“我知道你要说什么，我现在就去看书了。”小晴冷冰冰地回答道。

妈妈觉得一阵宽心，但是忍不住又有些恐慌：为什么女儿对自己的父母，有一种冷漠的疏离感呢？

★★ 让孩子做自己想做的事

给孩子时间上的自由，最好的方法就是在一定的范围内，让孩子能够去做自己想做的事。比如案例中的小晴父母，既然孩子那么渴望参加夏令营，又为什么非要剥夺她去的权利呢？

是为了不妨碍她的学习？还是为了保护她的安全？

无论是哪个答案，都同我们提倡的“天才”理念背道而驰。因为真正的天才，决不能用成绩的好坏来替换概念，那些成绩出众，可是别的特质却一塌糊涂的人，很难想象他们将来能够对社会有何价值。

从另外一个角度来说，小晴其实有个很棒的特点——她知道自己想要什么，并且愿意为之争取。虽然争取的方法不太合适，但这相对很多压根就不知道自己想要什么，只是在按照父母的意愿生活的“傀儡孩子”而言，她也许更接近于“天才”的定义。

★ ★ 亲子互动建议

〇通过游戏的方式去了解你的孩子。有些孩子可能比较内向，不太容易把自己的真实想法讲出来，这时候，作为父母主动去了解他们的兴趣爱好是很重要的亲子行为。了解的方法可以是游戏模式——比如设计一套词语游戏，词语是你觉得最接近孩子兴趣爱好的事物，例如，游乐场、漫画、电子游戏、网络、QQ等，然后让她根据词汇来做动作，父母一方去进行猜测。如果孩子对一个词汇特别感兴趣，那么他在做动作的时候就会特别投人。当然，这只是提示，你也可以根据实际情况设计别的游戏，通过它去接近你和孩子之间的距离。

〇了解了孩子的爱好后，给予适当的支持。前面一节中我的朋友所做的就很棒，她会给儿子的兴趣爱好一定的支持，如果你了解了孩子的爱好，不妨也参考她的方法，给孩子一定的时间和条件，让他去做自己喜欢做的事情吧！

★ ★ 亲子互动测试第31环

测试：亲子自画像

这一个小节我们来做一个绘图的游戏，下面有两幅空白的画面，第一幅画上你心中的自己，第二幅画上你心中的爸爸或妈妈，然后根据画面的指引，填好相应的标注。

爸爸/妈妈的画像

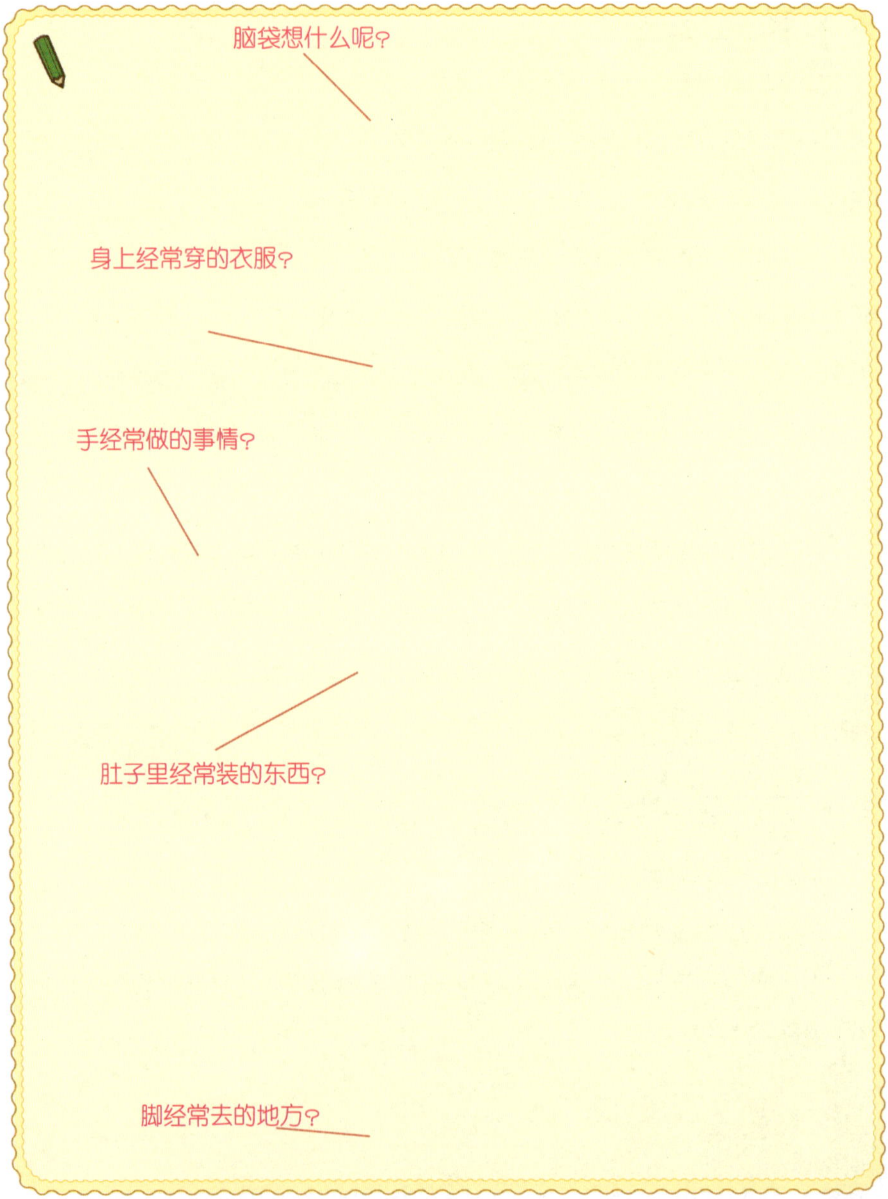

图6-5

孩子的画像

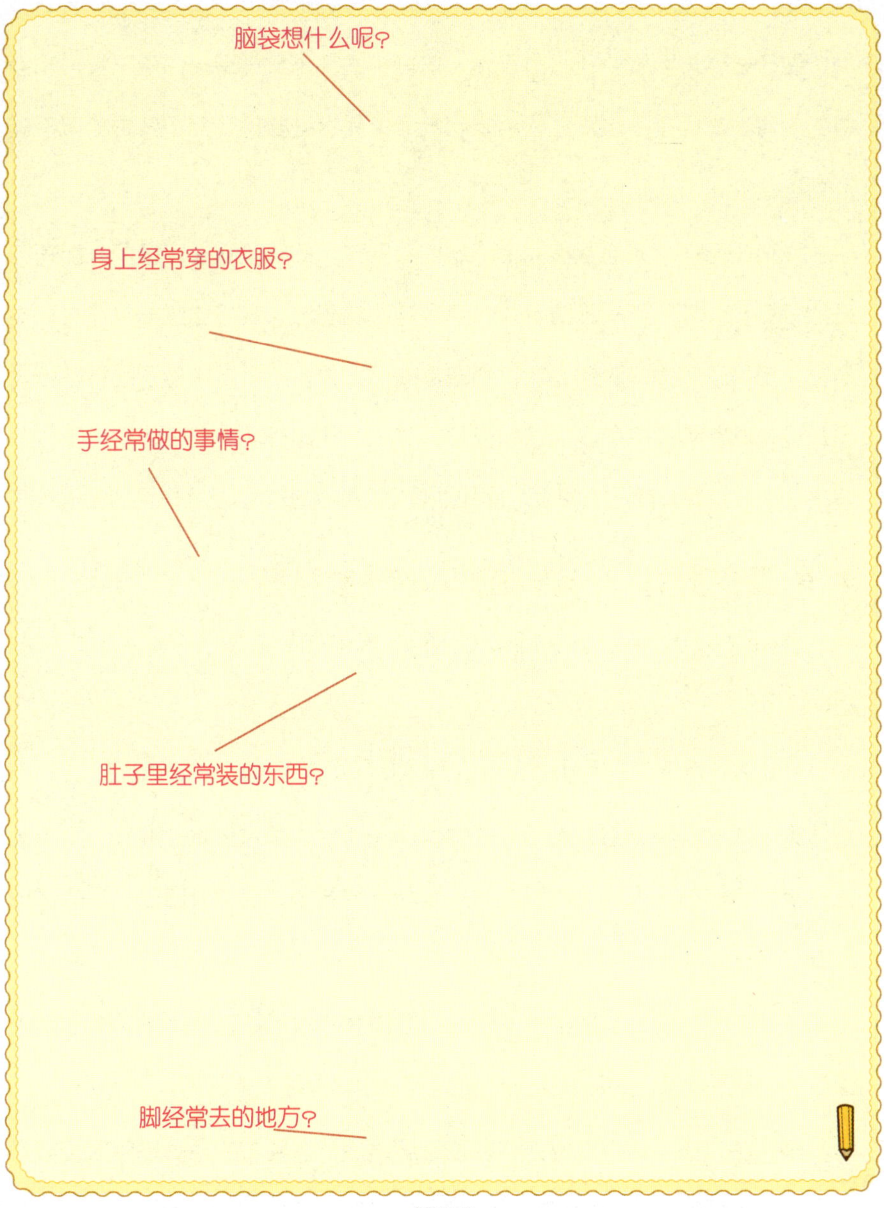

图6-6

—第三节　自主选择权—

做什么？怎么做？什么时候做？这些事情都是父母平时为孩子安排和考虑的内容，然而孩子是否真的需要和愿意接受这些安排，父母考虑的似乎就没有这么全面了。

没有任何一个人喜欢被完全的掌控和安排，即使是孩子。每个人都有自己的打算和计划，下一步要做什么都有自己的想法，就好比经常会发生这类事情，在孩子不饿的时候，家长却逼着孩子吃饭，或者是嫌孩子吃得不够，但却没有站在孩子的角度去这样设想一下——在自己还没有饿的情况下，却有一个人一直逼迫自己去吃饭，而且还要吃得足够多，自己会欣然接受吗？

★★ 真实案例——郁闷的PARTY参与者

廖亮的父母收到了外籍同事的邀请，要他们带着孩子来参加一个家庭PARTY。

一家人在赴宴的头天晚上，开始考虑要穿什么衣服。

廖亮头天刚和表姐去参加了一个cosplay，他作为参演的唯一一个小正太，受到全场的极大欢迎，所以他兴致勃勃地要求，要穿着自己那天的演出服去。

爸妈连忙反对："你出去玩的话，我们就不跟你计较了，这次是去别人家做客，你别让被人笑话，说我们养出了一个疯疯癫癫的儿子。"

廖亮不甘心，又争取说："我那套服装没什么稀奇的，就是后背和胳膊上有几道闪光条，我不戴假发去还不行吗？”

爸爸不耐烦了，呵斥道：“这又不是去普通人家参加聚会，是去一个外国人的家！不能由着你胡闹！”

廖亮嘀咕一句：“外国人有啥稀奇的！”

妈妈吓唬他：“你要是打扮得太可笑，会让他们认为中国的小孩子都很可笑。”

赴宴当天，廖亮穿着妈妈在服装店给他买的米色儿童西服，还配上一双很挤脚但是擦得很亮的小黑皮鞋。

进了房间之后，廖家很尴尬地发现，来的孩子们都穿得很随意，尤其东道主的小女儿，把眼眶涂红，带着一对长耳朵，正扮演一只大兔子。

全场的孩子们都用很奇怪的眼神打量着廖亮，随后发出了低低的哄笑声。

廖亮回家之后，赌气没吃晚饭。过了几天，妈妈在垃圾筒里发现了她给廖亮买的那套小西装。

★★ 请尊重孩子的选择

像廖亮遭遇的那种情况在生活中出现的几率并不高，可这并不意味着孩子都能有自己选择的权利。事实上，在许多家庭中，孩子压根就做不了自己的主。

或许你会觉得，孩子还小，没办法安排自己的生活。可是家长从来不去尝试，又怎么知道孩子不会呢？

我们要尊重孩子，不仅要尊重他们的兴趣爱好，更应该尊重孩子自我选择的权利。比如，他们不喜欢穿的衣服、不喜欢去的地方，是不是就可以适当的少一些控制？

自然，这其中又会涉及“度”的问题。比如孩子不喜欢吃蔬菜、不喜欢上学，这种事情固然不可以容他们胡闹，可如果只是穿什么衣服、周末节假日去哪里玩之类无关痛痒的事情，又为什么不能给孩子多一点自主选择的权利呢？

★★ 亲子互动建议

培养孩子独立自主的性格，最好的方法就是在日常生活中多给他一些选择的机会。比如：

○偶尔全家人决定出去吃饭的时候，你可以让孩子提供吃饭的场地建议。如果孩子提议去吃不那么健康的西式快餐，你可以用别的更具吸引力的美食，例如牛排或者比萨，转移他的注意力。

○经常召开家庭会议，讨论家庭发生的事情。会议上，一定要给孩子发表意见的时间。

○如果孩子的意见跟实际情况不符合，切忌直接否决，而是要给他一个可以信服的理由。

○周末如果都不忙，可以让孩子来安排全家人的活动，当然，为了避免孩子安排得太离奇，可以给他限定一个选择范围。重要的是让他有做主的权利。

★ ★ 亲子互动测试第32环

测试：极限能力测试

有很多时候孩子比你想象的更有担当和责任感，作为父母应该尽可能的信任你的孩子，同时多给孩子一些自主决定的机会，你的孩子会比想象中更有能耐。

下面是一张家务表的图，现在和你的孩子一起来分工，分别用红色的笔和蓝色的笔勾上你们心目中自己可以去承担的家务内容。

图6–7

测试分析

孩子勾画的家务比你想象中的更多：孩子已经有了独立的意识，他开始希望能够获得更多的锻炼机会，无论在哪个方面都尝试放手让孩子去做吧，你的孩子比你想象中更强大。

孩子勾画的家务和你希望他做的几乎都不吻合：多给孩子一些自由安排的权力和机会吧，你希望他做的那些事情也许并不适合他，而适合他做的事情却被你用各种原因否决了，试着去信任他，让他尽可能去做想做的事情。

—第四节　自我保护意识—

在父母羽翼保护下的小鸟总有一天要独自飞翔，在父母呵护下成长的孩子也总要长大，总有一天会独自生活。父母不可能随时都保护着孩子，也不可能保护孩子一辈子，所以必须让孩子有自我保护意识。

经常会看到孩子被不法分子拐卖的新闻和报道，很多孩子都是因为犯罪分子的一个小玩具或者一颗糖就被拐骗了的。看到那些出事之后无比悔恨的父母时，年轻的父母们更应该把这当做一种警示，培养孩子具有自我保护意识是势在必行的。

★★ 真实案例——天真的欣欣

欣欣回家之后，父母大吃一惊。她脚上穿的名牌旅游鞋不见了，取而代之的是一双又脏又旧又不合脚的破布鞋。家长忙问她怎么了。她轻描淡写地说：“没事呀！”

再三追问下，才知道事情的原委。欣欣遇见一个老太婆，身边还带着一个小女孩。老太婆对欣欣说，自己带着孙女来寻找儿子，也就是孩子的爸爸，但是钱包被扒了，问欣欣能不能借她们点钱。

一向善良的欣欣听后非常同情，也不知如何拒绝，但是她恰好没带钱。老太婆听了之后，一副非常失望的样子，对着欣欣抹着眼泪讲，自己多么盼望见到儿子，孙女儿多么盼望见到爸爸，这下子可怎么办。

她哭了一会儿，见欣欣确实没有钱的样子，就和她商量，可不可以把手机借来给儿子打个电话。好心的欣欣立刻答应了。老太婆拨了一个号码，但是提示一直是"通话中"，她又和欣欣商量，能不能等一等明天还她手机。听到欣欣说"可以"之后，她又得寸进尺地说，孙女的鞋都走破了，鞋子也先借来好不好？还一再保证，等联系上儿子，买双新鞋送给她。

善良的欣欣全都同意了，还特意嘱咐老太婆不用买新的，把旧鞋子还来就好了。老太婆拖着孙女千恩万谢地走了。

父母听了差点晕倒，但是又暗自庆幸，幸亏女儿没有受到伤害。他们开始考虑要不要在教育女儿做一个正直热心的人的同时，再加入一些"阴暗面的教育"。

★★ 这个世界其实不是那么美好

小时候，老师家长往往会告诉我们这是个很美好的世界，从课本上，我们学到的也都是美丽的地球、和谐的社会、友善的叔叔阿姨爷爷奶奶……

然而长大以后，我们才知道，这世界远远不是想象中那样美好——同事朋友尔虞我诈、骗子层出不穷、歹徒疯狂作案的事情屡见不鲜，就连地球也是海啸、地震不断。天灾加人祸，我们的生活环境并没有书里描写的那样安逸。

对我们这一代人来说，从“一切皆美好”到“这个世界还有不少缺陷”这种认知的转变过程中往往会付出很大的代价。可这种代价还有必要让我们的孩子再去亲身体验一番吗?

当然不用！如果他能够在日后少走一些弯路，必然可以节约更多的经历去成就自身价值。所以，可以让“一切皆美好”的假象消失了。

★★ 亲子互动建议

树立自我保护意识。生活中存在着各种各样对生命不利的因素，要让孩子学会辨别、躲避、应付，防止自身受到伤害。

下面这些，就是父母应该告诉孩子的“禁区”

1～3岁的时候：

遵守秩序；

走路或上下楼梯时，不拥挤、不抢先；

进餐、饮水前用手摸一下，以免烫嘴；

不随便把异物放入口、鼻、耳等，以免发生意外。

4～6岁的时候：

懂得玩水、玩火、玩电、玩燃气灶开关的危害性；

认识生活中常见的安全信号与标志；

不靠近危险的东西；

不在危险的地方玩。

7～12岁的时候：

知道各种家电器械的用途与使用方法；

警惕陌生人；

外出时注意不要和家人同学分开太远；

对灾难来临时的逃生办法；

遭遇突发伤害时的紧急处理。

★★ 亲子互动测试第33环

测试：孩子安全意识大调查

下面是烫伤的急救过程，但是顺序是打乱的，让孩子把正确的顺序排列出来，看看你的孩子是否具备基本的安全急救能力。

烧烫伤：

1.泡：将伤口浸泡水中，不可刺破水疱。

2.冲：用流动缓慢的干净冷水冲洗伤口。

3.盖：用无绒毛的清洁布块盖住伤口，不可涂抹药膏或酱油以免伤情恶化。

4.脱：在水中脱下或剪开覆盖在伤口的衣物，但不可勉强撕下已粘住皮肤的衣物。

5.送：立即将伤者送医院救治。

测试分析

正确的顺序是（24135），如果你的孩子快速地排出了准确的顺序，说明这个孩子平时就很留心相关的知识，也懂得自我保护和保护别人的重要性。如果你的孩子错得很离谱，一定要加强对孩子这方面的锻炼和培训，一个能够保护自己和别人的人，才有机会做出事业，取得成就，才会有更长远、更灿烂的人生。

—第五节　判断和分析，一个都不能少—

判断和分析能力，对任何人来说都很重要。

孩子在学习、生活等方面都需要具有这种能力。只有这样，孩子才能明辨是非、才能分清善恶，也才能知道什么是危险的，什么又是安全的。如果连基本的判断分析能力都没有的话，那更不用说什么自我保护意识了。

但是如何培养孩子的判断和分析能力呢？这听起来似乎很抽象。

我们不妨看看下面这个案例。

★★ 真实案例——勇敢的救火队员

崔家正在招待客人——崔泠的姑姑带着小女儿来做客了。

妈妈在厨房里忙前忙后，快炒好菜的时候，她喊崔泠帮她翻几下铲子，自己要去把挂在墙上的大桌面搬下来。姑姑听到了，连忙制止，担心孩子被烫坏了，但是崔妈妈认为无所谓，她煮饭的时候，崔泠经常在一边看，该注意的事情她都知道。何况那个老式大桌面很重，她要姑姑给自己做个帮手，一起把它从墙上取下来。

崔泠在帮妈妈炒菜的时候，小表妹也过来看热闹。

就在两个大人都不在的时候，油锅里突然起火了！

小表妹一见，吓得一声尖叫，连忙从厨房逃出来。

姑姑和妈妈听见孩子的叫声，飞快地奔过来。姑姑见了油锅里的火苗，想冲上去把崔泠拽回来，但是只见崔泠不慌不忙地拿起旁边的大锅盖，朝着锅子飞快地平铺过去。然后把煤气开关扭小。等她过一会儿把锅盖摘下来时，火焰早就灭了。

姑姑事后问她：“不怕吗？”

崔泠无所谓地说：“有什么好怕的，我妈说，把锅子盖上，锅里没有氧气了，火自然就熄灭了。”

她说得轻松极了，好像刚才只是把糖纸剥了，准备吃一颗糖一样。

★★ 勇敢+知识=准确的判断和分析能力

看出来了吗？如何让孩子变得勇敢，这个是我们前面就提到的内容。此外，这里说的知识，不光是指课本上的内容，更重要的是生活常识以及前面提到的那些应对困难时的知识。

要想让孩子的分析能力得到提高就必须先让孩子的知识丰富起来，因为要对任何事物的有自己的见解，都必须先要了解该事物。让孩子学会在与人交流的过程中提高自己的分析能力，因为每个人对同一事物都会有自己不同的见解，有着不同的思考方式，让孩子在和人交流和讨论的过程中吸取经验和让自己的思考方式多元化，这是提高孩子分析能力的重要途径。

★★ 亲子互动建议

○给孩子制造一些独立判断的环境。从一些比较简单的事情开始做，比如决定买什么菜，或者家里的电器烧掉了如何处理等，然后一步一步让孩子作出更大的决定和判断：他要选择什么专业，他有一些什么兴趣爱好，想要学习什么样的技能等。

○诱导孩子去阅读一些刑侦类的读物，或者阅读一些智力类的题目。帮助孩子经常学习逻辑方面的知识，不断增强逻辑分析能力。

亲子互动测试第34环

测试：爱因斯坦的逻辑推理题

据说这道题是爱因斯坦在20世纪初提出的，又传说这道题世界上有98%的人答不出来。当然这种说法的可信度有待商榷，不管怎么样，你有勇气来向这道难题挑战吗？

题目是这样的：在一条街上有5座房子，这5座房子分别喷了5种不同的颜色，而且每个房里住着的都是不同国籍的人，每个人喝不同的饮料，抽不同品牌的香烟，养不同的宠物。现在已经知道下面的这些条件：

图6–8

1.英国人住红色房子。

2.瑞典人养狗。

3.丹麦人喝茶。

4.绿色房子在白色房子左面。

5.绿色房子主人喝咖啡。

6.抽PallMall香烟的人养鸟。

7.黄色房子主人抽Dunhill香烟。

8.住在中间房子的人喝牛奶。

9.挪威人住第一间房。

10. 抽Blends香烟的人住在养猫的人隔壁。

11. 养马的人住抽Dunhill香烟的人隔壁。

12. 抽BlueMaster香烟的人喝啤酒。

13. 德国人抽Prince香烟。

14. 挪威人住蓝色房子隔壁。

15. 抽Blends香烟的人有一个喝水的邻居。

问题是：谁养鱼？

7

CHAPTER

第七章 孩子离天才有多远

—第一节　天才的含义—

聊了那么多内容，显然我们不妨回到“天才”的这个话题上来。

天才，是一个令人向往的名词，它是指拥有一定的天赋（包括：卓绝的创造力、想象力、天然的资质）的人。一般认为，智商在80～120之间叫做正常，其中110～120属于较聪明，达到130叫做超常，超过160叫天才。

但是，仅仅凭智商的高低判断孩子是不是天才太偏颇。真正“天才”的定义，应该是具有卓越想象力、创造力，有突出的聪明才智，并且能把自身特长发挥到极致的人。

请注意，最后一个条件其实是最重要的——因为每个人都有自己的特长，聪明的人善于发挥特长，把自己的长处做到极致。愚蠢的人才会把注意力集中在短处的弥补而放弃特长的发展。

★★ 真实案例——做生意的天才

明芍从小就喜欢和小朋友交换东西，经常用一颗糖就能换回来一把不锈钢勺子，别人逗他：“为什么换这个，也不能吃。”他很神气地翻人家一个白眼，一副“燕雀安知鸿鹄之志”的样子。过了一会儿，勺子不见了，他端着一大瓣西瓜回来了。原来带着西瓜的那个小朋友忘记了带勺子，他交换的条件是把比较大的那一瓣的西瓜送给他。旁人看见这个抱着西瓜啃得满脸汁水的小孩子，心里总是忍不住疑惑：“这孩子真的这么聪明吗？不是他家大人教他这么干的吧？”

明家家长也很尴尬，他们当然盼望有个聪明的孩子，但是这样总是能占到别人便宜的聪明，令他们的处境变得很微妙。他们也不认为自己的孩子日后会富甲一方，孩子虽然还很小，但是这样的为人方式，总让人能嗅出一种自私自利的暴发户的味道。

明家父母给明芍下了硬性指标，命令他不许再和别人交换东西，明芍同意了。

而明芍上大学之后，假期回家，总是有很多的零花钱，父母问他打工没有，他说没，父母很担心，担心儿子行不轨之事。后来才知道，明芍看很多同学买票排队很辛苦，于是在校园BBS上发帖子，愿为大家代劳，每人收跑腿费4元，来求助的人居然很多。有些人没有零钱，干脆直接给5元，也不要他找零。他排了一夜队之后，嫌累，又花一百元雇了一位同学替自己排队，两天下来，除去雇佣费，明芍自己净赚了七八百元。

父母目瞪口呆，他们一个月辛辛苦苦才能赚到的工资，儿子轻松自在地拿到手了。

★★ 千万别磨灭孩子的特长，说不定那就是他天才的一面

前面说过，只有愚蠢的人才会去想办法弥补自己缺憾的一面，这话肯定有不少人反对。或许有人会搬出那个很著名的短板理论来反驳——木桶储水的多少，取决于最短的那块板子。

可是，木桶理论完全是个伪命题。相信了这个伪命题的家长，开始拼命打造自己孩子的短处，希望他能门门优秀面面俱到。可问题是，谁规定木桶只能用来盛水？如果我拿它盛金子，即便有短板又怎样？因为木桶盛金子的多少，完全取决于长的那些木板。

这就像我们都不希望孩子偏科一样，然而事实证明，那些偏科的人，往往会在自己最擅长的领域闯出一番天地。

虽然我们现行的教育理念是求全的，但聪明的家长应该学会在此基础上支持孩子往自己最擅长的方向发展。如果你没有意识到这一点，反而逼着他去弥补自己所谓的“短板”，你可能在扼杀一个比尔·盖茨或者索罗斯这样的真正天才……

★★亲子互动测试第35环

测试：灵光一闪的瞬间

天才其实并不想很多人想象的那么复杂，天才就是灵光一现的瞬间，聪明的家长应该知道如何给孩子创造机会去证明自己，下面就一起来做一道需要瞬间灵感的智力题，看看你是否是被灵感眷顾的孩子。

题目：如图所示，6支铅笔被按照每两支铅笔相互交叉的方式放置在桌面上，你是否有办法让6支铅笔每一支都和另外5支相交呢？

图7-1

参考答案

如简图所示。

图7–2

测试分析

无论你是否很快地完成了这道题，在试验这道题的过程中，你也已经掌握了很多有趣的图形组成模式，这些模式在将来你需要的时候，就会变成一道灵光闪入你的脑中，供你使用。

现在明白了吧，天才需要一瞬间的灵感，但这灵感依然来自日常的积累，经常转动你的大脑，你也是一个天才。

—第二节　孩子的危机意识—

在生活中随处潜伏着危机，对于幼小的孩子们来说，危机更是无处不在。

经常会在一些物件或者食品上看见“儿童需在父母陪伴下使用（食用）”的字样，这也就告诉了我们，很多对于成人来说很普通的东西，对于孩子来说都会是危险的潜在因素。

但这些危险都是表象的，这样的危机也只是对身体而言的危机。其实，危机有很多种，先前提到的只是最片面和肤浅的危机。危机其实是生活中遇到的各种无法克制的阻碍，这种阻碍包括各个方面，孩子成长的过程中生活、学习，甚至是之后的工作当中都存在着危机。危机常常会让人无能为力，因此在危机出现之前，首先应该学会的是预防。

中国有句古话“生于忧患，死于安乐”。意思就是让人要有忧患意识，也就是所谓的“危机意识”。未来是不可预测的，人是不可能天天走好运的，就是因为这样，才更应该让孩子拥有“危机意识”，这样孩子在心理上，乃至行为上都有所准备，才能应对突发的变化。让孩子在做任何事情之前，都做好面对最坏情况的打算，这样当危机出现的时候就不会手足无措。

孩子具备危机意识，虽然不代表能把面对的问题立刻解决，但却可以把伤害降到最低，为自己寻找到出路。一旦具备危机意识，孩子就知道什么叫预防为主、防患于未然，提前做好应对的准备，这样在危机到来的时候才能转危为安。

★★ 真实案例——“我习惯了”

刘穹的爸爸开着一家小公司，效益很好，班上同学经常调侃他是个“富二代”。老刘很警惕，他自己是从苦日子里过来的，生怕儿子真以为自己家里有“金山”，以后变成一个好吃懒做的败家子。于是，老刘经常对刘穹进行教育，阐述读书的重要性，但是儿子总是一副心不在焉的样子，而且对爸爸的唠唠叨叨很不耐烦。

老刘没有办法，只好像相声段子里那样，对孩子装穷，一次两次的假装没有效果，他干脆咬咬牙，真的把生活质量降低了。家里再没换购过大件，儿子要求换个笔记本电脑他也置之不理。时间长了，不仅是儿子，连妻子都开始担心丈夫的生意是不是真的在走下坡路。

这个假期过去，刘穹的成绩平平无奇，妻子和老刘商量，要不要像往常那样给儿子请家教，老刘态度坚决："已经穷了，没法再请家教。"妻子和刘穹都不吭声。

假期结束的时候，刘穹递给老刘几张皱巴巴的钞票："爸爸，别愁了，儿子我能挣钱了。"

原来，这个暑假刘穹跑出去打零工赚钱去了。想到刚放假的时候，老刘还以为儿子还如同以前那样在外面贪玩鬼混，还为此骂过他，不仅感动，更是感到特别羞愧。不过，他依旧没有告诉孩子自己的真实情况，家里的节俭作风依旧持续了下来。

然而天有不测风云，几年之后，老刘的公司陷入了一个圈套，资金周转不善，家境真的困顿下来，老刘试图和儿子讲述实情，刘穹轻描淡写地说："别担心了，爸爸，我早已经习惯你对我装穷了。放心吧，我以后能养活我自己。"

老刘听了，心里很尴尬，又觉得有点温暖。

★★没有困难，家长也要制造困难

人的本性是求懒的，只有当环境把我们逼到迫不得已的时候，我们的潜力才会被挖掘出来。

所以，天才往往不是在安逸的环境下成长的温室花朵。因为如果没有暴风雨的洗礼，天才的潜质会被埋没，就算是千里马也会变成一头肥胖臃肿的畜生。

如果你觉得自己的孩子习惯了舒适的生活，不妨尝试着给他创造一些困难。

最简单的方法就是多带他们出去体验生活，让他们感受到家里感受不到的麻烦。当然，像老刘那样“装穷”，压缩家庭物质开销比例，也不失为一种困难教育的好办法。

★★ 亲子互动测试第36环

测试：看看你的危机应变指数

一个人的危机应变指数决定了他的抗险能力，曾经有人分析过，任何一个人从出生一直到老死，在一生中至少有十次明显地和死神擦肩而过。所以不要总是怀着侥幸心理，要知道你的未来还要应付很多次危机，而懂得在危机来临时候应变的人就能取得先机。

现在已经知道在一个村子里有50个猎人，每个猎人都有一条猎犬，而你也是猎人中的一员。现在村里面临一个巨大的麻烦，你们这些猎人的50条猎狗中，至少有一条已经确定染上了疯病，为了不让这种疾病蔓延开来，必须要把得了疯病的猎狗击毙。

因为猎狗是猎人的好伙伴，伤害别人的猎犬实在太残忍了，所以猎人们决定如果自己的伙伴得了疯病，就由自己亲自来结束它的生命。所以猎人们设定了这样的规则，他们约定彼此只能观察其他人的狗，但不能看自己的，而且他们都能够一眼看穿狗是否得了疯病。每天他们都只观察一次，如果通过观察确定了自己的狗是疯狗，那么就亲自开枪击毙自己的伙伴，并且要保证枪声被其他的猎人听到。

现在游戏开始了，第一天你通过观察发现有两条疯狗，现在你将要面临一个抉择，你准备向自己的狗开枪吗？

图7–3

选择开枪的人：你的危机应变指数为★★，你有些太过紧张了，连思考的能力都快丧失了，面对危机的时候你很可能没有能力去对抗，所以你最好是离危险远点，别让自己有机会陷入险境中。作为你的父母应该经常带你去大场合，帮助你学会面对紧张的氛围，提高你的危机应对能力。

选择不开枪的人，我们现在进入第二天。

第一天夜晚过去了，没有听到枪声，到了第二天，你现在依然可以选择是否要开枪。

选择开枪的人：你的危机应变指数为★★★，虽然你尽量在维护冷静，但却没有能够真正地冷静下来，关键时刻掉链子是最危险的，千万不要自信满满地硬着头皮往前冲。你需要和你的父母经常交流，学习一下长辈们的经验，只是一股子勇气是不够的，你还需要真正的社会经验才能够应对危险的场合。

选择不开枪的人，我们现在进入第三天。

第二天夜晚过去了，没有听到枪声，现在进入第三天，你要选择开枪吗？

选择开枪的人：你的危机应变指数是★★★★，你沉着冷静地仔细计算，相信自己的判断，最后往往能够巧妙地应付危机。作为你的父母是最轻松的，说不定在面临危险的时候，反而是你最能够解决问题呢，不要浪费了这种才华，把自己推到风口浪尖上去吧，你有成为英雄的潜质。

选择不开枪的人：你的危机应变指数是★★，与其说你是冷静还不如说你是迟钝，过激的反应虽然容易打草惊蛇，但是完全没有反应就是任人宰割。作为这种孩子的父母比较辛苦了，先要让孩子感受到危险的可怕，并且要打消孩子的侥幸心理，千万不要让他继续得过且过的状态。

—第三节　领导者的力量—

有人这么说，一群从小一起玩到大的朋友里面，小时候或者年轻的时候每次出去玩或者吃饭抢着付钱的那几个人，到了他们成年之后，依然还会是每次都抢着付钱的人，并且他们也肯定成为具有这个经济能力的人；反之，那些每次一到付钱的时候就躲得远远的人，到他们成年之后依然还会躲得远远的，并且经济条件也迫使他只能躲得远远的。这看似没有什么科学依据，但你如果通过自己仔细的观察和思索，就又不得不承认这的确是事实。

同样的道理，在孩童时期充当队伍里领导者的那个人，到了成年之后也会具备相同的能力。因为，领导者的意识和领导他人的习惯促使，甚至可以说是迫使他必须积极向上，不会甘愿落后于人，更不会甘愿一直被他人所领导。领导者的意识早已经根深蒂固地引导着他前进和奋斗。

你的孩子是否具备领导者的能力呢？你的孩子和小伙伴在一起的时候是带领大家还是跟在别的孩子身后呢？如果你从前没有仔细观察过的话，那么你现在可以认真的研究一下了。

★★ 真实案例——被扼杀的领导者

10岁的赵秋从小就在单位大院里长大，每天晚饭后都会跑出去和大院的孩子一起玩。

老赵下班晚，他回来之后，家里人早就吃完饭了。他经常坐在门口，一边吃，一边津津有味地看着孩子们在一起玩耍。

渐渐地，他看出了一些不对劲：赵秋虽然总是一副带队的模样，跑在前头，让他这个做老子的感到很有面子，但是他好像也特别“乐善好施”，经常把自己家买的糖果和水果等东西分给其他孩子。有了好玩的东西也愿意借给别人，哪怕别的孩子还回来之后变得破破烂烂的，赵秋也不生气。

老赵和老婆商议：“这孩子怎么不知道吃亏呢！”妻子想得很开：“一点小东西而已嘛。”

老赵却总觉得不是滋味：“真要像个头头的样子，应该往回拿嘛！”老婆翻他个白眼。老赵辩解：“至少，枪打出头鸟是不是？他总这个样子，容易遭人嫉恨是不是？”老婆懒得理他。

老赵就找赵秋谈，要他小心，要他别总分给别人东西，要他不要事事争先。赵秋勉强答应了。老赵还威胁他：要是阳奉阴违，以后就不让他出门了。

赵秋果然以后一脸愤愤不平的样子给别人做一个跟班。家里的糖果什么的，终于不再过度消耗了。

期末家长会的时候，班主任特意和老赵说：原本看赵秋很有领导者的风范，想选他做班长，但是看他的脾气好像变得爱斤斤计较起来了，同学口碑也变得不好，于是只好放弃。问老赵，会不会有什么特殊的情况导致孩子性格变了？

老赵仔细琢磨了一下，觉得不过是个小学的班长而已，这损失也不算是损失。像自己，庸庸碌碌地过了一辈子，不是也平平安安地活到了现在么……殊不知老赵这样的举动恰恰扼杀了孩子的领导天分，如果不是他的行为，儿子将来也许能够成为更了不起的人物。可现在的儿子，凡事都爱斤斤计较，早已没了当初的领导风范。

只是为了几把糖果而已，事实上反而是得不偿失。

★★ 让孩子成为潜在领导者

每一个团队都需要一个带头人，这个人就是这个团队的领导者。一个团队或者一个集体的领导者必须具备领导能力，也只有具备这样能力的人才能真正起到领导者的作用。

仔细观察可以发现，一群玩耍和嬉戏的孩子中，总有一个发号施令、带领其他小伙伴的“小头头”。没错，这个孩子就是这个团队的领导者，也就是通常所说的“老大”。一个人是否具备领导者的能力，在这个人幼年的时候就可以充分体现出来了，而这种领导能力在成年之后则更加会被体现出来。

★★ 亲子互动建议

○让孩子学会“带头”。要让孩子具有领导意识，首先就不能让孩子养成凡事都跟在别的孩子身后的习惯。的确，总是跟在别的孩子后面可以减少犯错，至少不会成为“主犯”，这样为你减少很多麻烦。但是，事物总是相对的，你的孩子为你减少了面对麻烦的机会，但这同时也必然减少了你的孩子成为真正的领导者而给你带来荣誉的机会。

○培养孩子的责任感。一个有责任感的领导者才能成为一个好领导者，要想让孩子在将来能够有所作为，除了让他主动去孩子群体中扮演“首领”的角色以外，更重要的是教会他承担“首领”的责任。一个领导者必须要恩威并施，同时承担起整个团队的一切行为责任，这样才能够真正和部下利益达成一致，进而带领整个团队进行一番作为。

★★ 亲子互动测试第37环

测试：你能成为一个优秀的领袖吗?

俗话说：“龙生龙、凤生凤、老鼠的儿子打地洞。”这里的遗传作用在领导气质上特别明显，如果父母总是唯唯诺诺的，孩子也很难长出领导的脾气。所以如果父母希望孩子能够长成领袖人物，自己就应该做好带头作用，没有精神的也尽量精神一点，要让孩子从家庭感受到力量。

做一个领导必须要懂得语言的艺术，尤其是模棱两可的语言艺术。要知道什么样的话能说，什么样的话不能说；什么样的话说了下属会给你卖命，什么样的话说了对手会被激怒而乱了阵脚。

阿凡提是民间故事里面著名的智者，他经常凭借自己的才智和权贵们作对。有一次他又被一个嫉妒他才华的国王抓去了，国王看阿凡提不顺眼很多年了，这次终于找了个借口逮住了阿凡提，就非要处死阿凡提不可。

但是就这么处死阿凡提情理上又说不过去，有损国王的脸面。所以国王想了个自认为天衣无缝的办法，他对阿凡提说："你现在可以说一句陈述的话，但是如果你说的是真话，我将用绞刑架吊死你；如果你说的是假话，我将用油锅炸死你。"

如果你是阿凡提，你会怎么回答国王呢？

图7–4

你的答案：

1.怒斥国王的话语。选择了怒斥就意味着你是个性格直率的人，如果想要做领导方面的工作，适合进行技术类的主管或者负责人，但是直来直去的性格不适合做管理者，上下都吃不透。作为这类孩子的父母应该谨记告诉孩子祸从口出，别让孩子由着自己的性子说话。

2.用诡计让国王没有办法杀死阿凡提的话语。比如"你将会用油锅炸死我"，这样说的话国王就陷入了两难，如果这句话是假的，他就必须要炸死阿凡提，但是炸死阿凡提这句话就成了真话。选择这种答案的人适合做管理类的领导者，总是在充满悖论的语言旋涡中轻松出入，你不用担心会有你应付不了的复杂局面，往往你轻松地留下几句话语然后离开，剩下的是别人的问题。

3.求饶。也会有人选择这样的方法，但是这个选择就意味着你不适合做台面上的领导工作，相对来说后勤或者协管方面的管理工作比较适合你，不要抛头露面，这样你自己也会觉得不安全。

—第四节　早期的职业生涯规划—

职业生涯规划，这听起来似乎是给大学生的一道命题。

但事实上，当你的孩子已经成年，即将步入社会的时候再去考虑职业生涯规划，就已经晚了。所以我们常常可以看到有人在迈入职场三四年后还在频繁跳槽，甚至对自己的人生没有清醒准确的定位。很难想象这样的人能够充分发挥自己天才的一面，创造属于自己的成功传奇。

这都是职业规划迟到惹的祸。

职业规划的真正起点，应该在孩子上小学初中这个阶段。因为这个时候的孩子已经有了自己的喜好和特长，而且没有太多杂念的他们学习性是其他阶段无法比拟的。所以这个时候若能够根据孩子的性格、爱好、特长，包括天分，及早地为他规划好职业发展的方向，对于孩子的一生都有极为重要的意义。

★★ 真实案例——做个画家

王熙的爸爸是个画家，家里到处都是关于人体结构解剖和人体模特的书。他之前并没有想到这有什么不合适的地方。

直到有一天，他和妻子回家后发现王熙正在临摹画那些裸体的模特，王妈妈见了气急败坏，责骂王熙的爸爸，骂他四处乱扔庸俗的读物，把小孩子都教坏了。

王爸爸很镇定，他拿过王熙的画来仔细看了看，然后夸奖王熙画的线条好，很连贯，很有柔韧感，简直是个画画的天才。然后又给王熙讲他画的人体结构有点问题。

王熙很感兴趣，问什么是结构问题。王爸爸由此拿出几何石膏来，给他讲一些基本的透视关系。王熙听得很开心，决定以后也要去做个画家。

从此以后，王熙的爸爸每天都要给他讲一点美术的基础知识，王熙对美术的了解越来越清晰，成为一个画家的愿望也越来越强烈。虽然他的成绩一直都很好，高考时还是不顾母亲的反对，去投考了一所艺术高校。

多年后，同龄人有人追问王熙小时候的故事，听说他从小接受美术的培训，一脸不屑："原来你也不是天才嘛！"王熙回答他："如果你小时候也能明确一个目标，一直努力下去，哪怕不是天才，至少也能成为一个人才。"

★★ 理想≠规划

经常会有这样的情况，当问到某个孩子以后想干什么或者有什么理想的时候，回答往往都是"我要成为有钱人"、"我要当官"、"我要做科学家"。

孩子的回答很天真，同时也很幼稚，甚至谈不上是一种规划。

因为他们只是觉得想要成为的那种人很酷，所以随口就说出来了。至于怎样才能成为理想中的人，需要哪些条件，要做哪些事情并且取得怎样的成就，孩子们全然不知。

可孩子们不知道，并不意味着大人不知道。如果放任其自由发展，结果只能让原本可以成为天才的他们流于平庸，成为朝九晚五上班族中最普通的一员，而他们的理想和能力也会在这种平庸的生活中被磨灭。

所以，在问了孩子们理想之后，家长要做什么，相信你应该比我更清楚了吧！

★ ★ 亲子互动建议

○避免孩子异想天开。天上永远不会掉馅饼，要让孩子从小就知道这个道理。世界上没有不劳而获的职业，不管是男孩还是女孩，都应该确立自食其力的意识，在这个基础上再为自己的职业发展做打算。而在职业规划的过程中，也应该避免异想天开，志向可以远大，但必须合理化。

○让孩子客观认识自己。要让孩子学会如何规划自己的职业生涯，首先要做的就是让孩子客观的了解自己、认识自己。只有真正地了解和认识了自己，才能有清晰和明确的目标，并且才能避免孩子为自己规划出不正确的职业生涯道路。

★ ★ 亲子互动测试第38环

测试：人生策划书

每个人都有做梦的权力，每个人都应该有资格说出自己的梦想，不仅仅只是孩子需要梦想，在和孩子一起谈论未来的时候，父母们同样会感受到理想的光芒。无论孩子说出了什么样的梦想，父母都应该理解它，并帮助孩子分析它，最终让孩子相信，通过不懈的努力，终有一天他将会实现自己的梦想。

下面是一个人生规划的表格，和你的孩子一起来书写梦想吧，写下他的梦想，也写下你的梦想，然后和孩子约定好，你们要在未来的人生中，一步一步地切实完成这些计划。

<table>
<tr><th colspan="4">梦想协议书</th></tr>
<tr><td>姓名：</td><td></td><td>照片</td><td rowspan="4"></td></tr>
<tr><td>性别：</td><td></td><td></td></tr>
<tr><td>时间：</td><td></td><td></td></tr>
<tr><td>地点：</td><td></td><td></td></tr>
<tr><td colspan="4">短期规划（在成年之前要达成的梦想）：</td></tr>
<tr><td colspan="4">今年的计划（包括要做的事情、准备的过程、详细的分月计划、最终要实现的目的、对梦想的期待值等）：</td></tr>
<tr><td colspan="4">事业规划：</td></tr>
<tr><td colspan="4">家庭规划：</td></tr>
<tr><td colspan="4">娱乐规划：</td></tr>
<tr><td colspan="4">长期规划：</td></tr>
<tr><td colspan="4">一个最高的理想：</td></tr>
<tr><td colspan="4">一个最低的理想：</td></tr>
<tr><td colspan="4">实现理想的步骤：</td></tr>
<tr><td colspan="4">每年要达到的目标：</td></tr>
<tr><td colspan="4"></td></tr>
</table>

第五节 性格导向意识

父母是孩子最重要的老师，父母对孩子人生的导向和道德、行为的引导作用毋庸置疑。然而，父母在性格上对于孩子的导向作用，从某种意义上来说远远超越了前者。

家长无论从行为、语言、自己的性格和对孩子的教育方式，都会对孩子的性格形成产生各种不同的影响。这些影响有些产生积极的作用，有些产生消极的作用，所以还是那句话“性格决定命运”。不同的性格会造就不同的人生，所以孩子的性格是好是坏对未来的成长也有着深远的影响。

父母的性格对孩子的导向作用，是在无形中就产生的，孩子在父母性格的导向下，也会变的和父母一样，很多人都说家庭暴力会遗传，其实也就是这个道理。当然，这只是打个比方，父母性格的对孩子的导向作用主要体现在日常生活中生活细节的流露，而这种自然表现很容易给孩子留下深刻的印象。所以说，父母应该具备性格导向意识，以次来提醒和督促自己。

★★ 真实案例——借，还是偷？

周秀臣和母亲一起去买水果，母亲装了两斤枣子，称好拿走之后，在塑料袋遮挡的背后，周秀臣又伸手从摊子上摸了一颗枣子，走回家的路上，她给妈妈看：“看，我给你多拿了一颗。”周妈妈吓了一跳，顾不得她讨好的语气，狠狠地斥责了她一通。勒令她赶紧给人送回去。这时离家已经很近了，在周秀臣的哭泣声中，周妈妈改变了主意。

回家的时候，周妈妈把那颗枣子一起洗了，但是她要求周秀臣第二天去道歉。

第二天下起了雨，于是这件事一拖再拖，不了了之。

周妈妈一直希望周秀臣忘记这件事，而记住那顿斥责。但是事实与她所期盼的正好相反。

第二天晚饭时，周妈妈和周爸爸谈起了她工作的超市里的一件事情，她工作的地方发了一批返金券，有人偷偷拿了一摞，喊亲戚去换来了一小笔钱。后来事情败露，那两个钻空子的员工马上被辞退，现金也被追讨了。周妈妈幸灾乐祸："活该！傻！要是能等一阵子再去换钱，把时间拖得长点，上哪儿查去？"

周秀臣上了初中之后，看见同桌的新款手机非常好看，"顺手"拿回了家。失主报告后，老师屡次"启发"，仍旧没人承认，最后只好报警解决。

周妈妈知道结果之后震惊不已，她想不明白，自己家境并不贫困，为什么孩子还会有这样的行为……

周秀臣只是很不忿地表态："可惜，要是有点什么事，拖得时间长点，就不会有人知道了。"

★★ 教育孩子之前，先审视自己

父母是孩子人生当中最重要的导向者，而导向的目的也正是要改变被导向者的认识、态度和行为。正确积极的导向能让人进步，错误和扭曲的导向却会让人误入歧途。

人在成长的过程中应该具有批评和自我批评的能力，家长在养育孩子的过程中更加能体现出这个能力的作用。

培养孩子的过程中，家长的眼睛不能只放在孩子身上，有时候要先从自己的角度先要求自己，看看自己的榜样作用是否能够起到积极的带头作用。“其身正，不令而行；其身不正，虽令不从。”这句话就是这个道理。

家长在要求孩子的时候，首先应当自己起到一个好的表率作用，如果自己对自己都是得过且过的，那试问又有什么资格对孩子指手画脚的呢？家长不仅应该认清孩子的优缺点，对自己的长处和短处也应该了如指掌，这样才能把自己好的一面展现给孩子，给孩子起到一个积极正面的参考和学习对象。而对于自己不好的地方，则应当能避则避，不仅要要求自己不断进步和改正缺点，还要防止不好的习惯和言行在孩子面前流露和展现，以免孩子有样学样，把家长的不足延续下去。

★★ 亲子互动测试第39环

测试：社会道德意识调查

随着年龄的增长，不知不觉中我们都经历了很多挫折，看到了社会很多阴暗面，遭受到了很多不公平的待遇。也许我们曾经都有着同样的善良和热情，但是时光流逝，我们慢慢地变得麻木，不仅仅是失去了梦想，也失去了去关爱别人、关爱社会的心灵。

但是当我们成为孩子的父母时，当我们面对单纯的孩子时，无论你曾经对这个社会多么寒心，如果你爱你的孩子，你就应该收敛起你的愤世嫉俗。什么都不懂的孩子会把父母当成偶像，你的行为不检点，就会让孩子的心灵蒙上阴影。

下面的测试题指向了你的社会道德水准，请耐心地帮你的孩子讲解题目，然后和孩子一起来完成。希望和孩子一起做这个游戏的时候，每一个家长都能从孩子的答案中得到启发。

1.你理解的社会道德是什么?

A	B	C
是一种基本的行为准则	是维系社会的条件	是卫道士的道德框架

图7-5

2.你觉得你是一个好人吗?

A	B	C
不想当一个好人	我人还蛮好的	不知道

图7-6

3.你喜欢跟善良的人打交道吗?

A 没有真正善良的人

B 喜欢

C 防人之心不可无

图7–7

测试分析

全部选B的人：你对社会保有比较良好的祈愿，你的内心要么是一个孩子，要么就是一个真正成熟的大人。你很少会去触犯社会规则，如果你选择触犯，那必然是有你独有的原因，作为父母只需要防止你做出一些太过火的善意行为，让你明白如何平衡取舍就足够了。对你自己而言，当你要去做一件善意的事情时，一定要想清楚后果，不是带给你的后果，还包括所有关心你的人是否会伤心。

第1题选C、第2题和第3题选A的人：你这样消极的思想会变成你做坏事的借口，你应该多去看看这个世界的光明面，了解它然后认可它。把自己保护在敌意的躯壳里面，只会让你越来越孤独寂寞，对这个世界更加充满愤怒。作为父母应该给孩子灌输社会好的一面，要让孩子相信善意比恶意更容易换来回报，不要为了眼前的小小利益，丧失了整个人生幸福。

其他选项的人：你有一些徘徊和犹豫，宁愿保持自保的态度，作为父母而言也许无可厚非，但是不能让孩子也感受到你的消极。而如果作为孩子已经有这样消极的人生观，其实你学会的并不是老成，而是麻木不仁。作为父母如果希望你的孩子还能有所发展，应该给孩子一个更加明确的好恶观念，没有激情的人就没有创造力，趁着孩子还小的时候，应该尽快给他建立一个光明的、向上的社会价值观念。

—第六节　共同的朋友—

和孩子成为朋友，这个提法其实很多年前就有了。但这里要说的，则是家长不仅要成为孩子的朋友，更要成为孩子朋友的朋友。

没错！就是要和孩子的小伙伴也成为朋友。在养育和培养孩子的过程中，家长和孩子其实既是合作的关系，又是一种PK的关系。家长和孩子比的就是能否让孩子在自己科学的引导下成长起来，是否能让孩子不抗拒和对这个过程有逆反心态，所以家长和孩子既是合作者，又是对手。既然这样，家长们就得知己知彼，从孩子身边的朋友入手，让自己对孩子多了解，这何尝不是一种好的办法。

对孩子身边的朋友多了解，也能让自己知道孩子的交友观，也能让自己知道孩子平时都和什么样的人接触，和什么样的人交朋友，“近朱者赤，近墨者黑”，只有知道孩子的交友情况，才能避免孩子和不利于他成长的人交朋友。

★★ 真实案例——林天的“新朋友”

林天每天回家之后都要打一小时的网游，由于他功课能按时完成，父母对他的游戏活动也不太限制，只是问问他经常和谁一起组队，他回答是同学之后，父母也不再说其他的。

林天后来在游戏区里认识了一个新人，新人对他极其客气，托他带自己练级。林天很痛快地答应了。新人笨手笨脚的，但是林天耐心很好，给他讲解得很仔细，还经常把自己一些不用的装备送给他。时间长了之后两人彼此之间非常信任，新人也加入了林天所在的团队，整个小队一起协助打怪补血。

有天林天回家之后，刚要上网，就听见爸爸在他自己的房间里大呼小叫：“儿子快来帮忙！爸爸马上就要升级了！”林天过去一瞧，这才明白，那个对自己很依赖的新人居然就是自己的爸爸！

林天一刹那间觉得自己被人涮了一把，很不高兴，但是爸爸随即抗议：“怎么了？难道爸爸不讨人喜欢吗？你看，你的同学们，不是都挺喜欢我吗？”

林天过几天就把这个消息告诉给了几个比较熟识的同学，消息马上在班里传开了。大家纷纷跑来林家看稀奇：“林叔叔，‘悍狼’真的是你？”爸爸大大咧咧地承认了，林天突然觉得有个“潮爹”还真是很有趣。从此之后，他家里成了同学聚会的基地。有很多人与爸爸成为了忘年交，经常在一起切磋技艺。

林天有一次刚想出门，爸爸提醒他：“别忘了网球拍！”林天问他怎么知道自己去打球，爸爸得意洋洋地走了。林天突然大悟：自己的哥们，也已经是爸爸的哥们了啊。

★★ 融入孩子的朋友圈，才能融入孩子的生活

随着孩子的增长，他开始拥有自己的社交圈子。但往往这个时候会出现一种情况——孩子把大多数时间放在跟自己朋友的沟通中去了，反而冷落了父母，于是代沟开始萌芽。

很多父母都会抱怨，自己已经想尽办法去跟孩子交流，希望成为他的朋友，可是孩子却始终对此保持抗拒。

其实我们是找错了突破口——如果你先从孩子的朋友那里入手，一切都会简单很多。当然，前提是你能找到和孩子朋友共同的乐趣！

★★ 亲子互动测试第40环

测试：亲子最佳对弈游戏——五子棋

如果你和你的孩子圈子有一点共同爱好，那么要和他们交流起来就容易多了。下面是一张五子棋的棋盘，现在试着来教会你孩子基本的规则，来对弈沙场吧。

规则：

1. 双方各自选择一个颜色的棋子；

2. 无论棋盘上横着、竖着、斜着，只要有五个相同颜色的棋子连成一条线就算胜利；

3. 孩子先走。

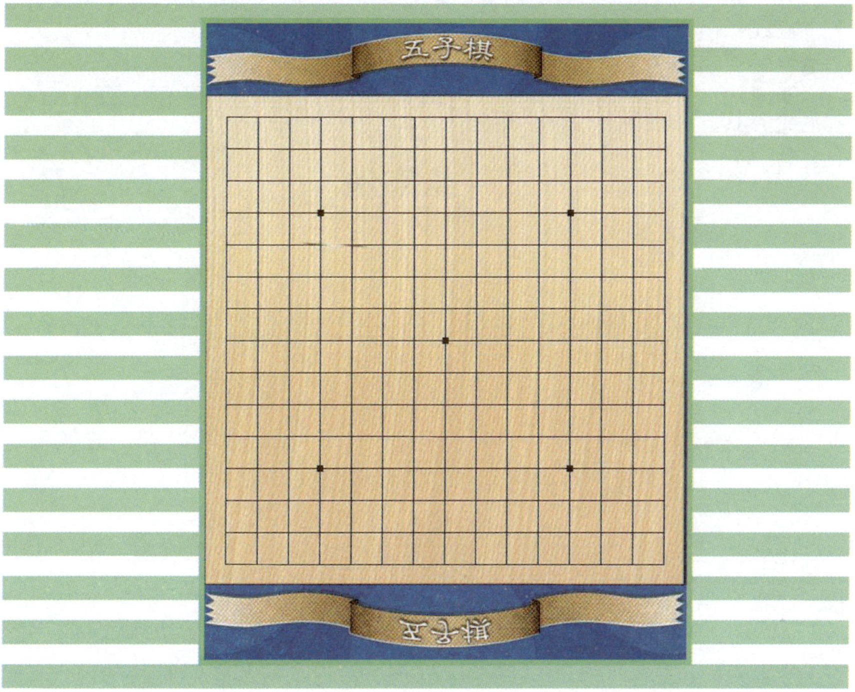

图7–8

一起成长……

结束语

天才的父母才能教出天才的孩子——请和你的孩子一起成长

在我从事教育和心理咨询工作的多年经历中，最深切的体会，不是我们应该如何去教育孩子，反而是我们应该如何在教育孩子之前，先教育好自己。

正如我在最开始时提到的，孩子就是一张白纸，让他成为一幅传世名画，还是一幅乱七八糟的信手涂鸦，决定权不在孩子身上，而在于父母。从这个角度来说，能把孩子培养成为天才的家长，本身就是天才。

遗憾的是，之前好多年中，我们的教育理念还太落后、太传统。但现在不一样了，现在年轻的父母普遍多为80后这代人，这一代人是独生子女最具代表性的一代，他们聪明独立、有创新精神，更重要的是，他们吸取了更多元化的教育理念。所以，他们完全有能力把自己的孩子培养成为天才。

当然，这其中还有一个小小的问题——80后的父母还太年轻，孩子和年轻的父母们正处在一个相互适应，并且共同学习、共同成长的过程。可以说，在这个过程中，父母养育孩子，让孩子成长；而孩子则让父母慢慢变得成熟。

孩子成长和成才的道路是漫长而又艰辛的，养育和培养孩子的任务也是责任重大的。年轻的父母们在如今这个竞争日趋激烈的环境条件下，不仅要时刻警惕自己被社会淘汰，警惕工作中出现任何错误，还要面对房价的上涨和贷款压力等问题。在自身压力如此大的前提条件下，年轻的父母们还要面对孩子的教育和培养问题，正因为社会压力大，所以父母们对孩子寄予的期望也就更加大了。

社会竞争日趋激烈，年轻的父母们自己在这样激烈的竞争环境下，深知提升自身综合素质的重要性，所以也就对孩子的培养问题相当重视。如今各行业都要求人才向多元化方向发展，所以现在的父母已经完全不能像过去那样只要求孩子的学习，而是要求孩子全面发展。在孩子多元化发展的培养过程中，不仅是对孩子的锻炼，其实更加是对父母的一种磨炼。

但我相信这都不是问题。

我有很多年轻朋友都是典型的80后，没有养育孩子的经历，可是却从胎教到早教再到日常生活的照顾，都做得井井有条，甚至比我们这些自诩经验丰富的老一辈人更出色。这得益于80后开明、吸收性强的特点。

更重要的是，年轻的父母们已经开始学会了尊重孩子的想法，更愿意成为孩子的朋友而不是父母。无论是方法还是思想，我都坚信，现在的父母已经越来越聪明，他们一定能培养出最优秀的天才儿童。

最后，我希望天下的父母都能在孩子成长的同时，也从他们那里收获快乐和成熟。

哈哈……